Ingane Yamalungelo

Jabulani Owen Nene
Celani Lucky Zwane

Idrama yesiZulu

Bhiyoza Publishers (Pty) Ltd

Ingane Yamalungelo
(Child of rights)

Ingane Yamalungelo

A Zulu drama about a child that thinks she is exercising her rights without knowing that she is destructing her future.

Bhiyoza Publishers (Pty) Ltd

Johannesburg, South Africa

Bhiyoza Publishers (Pty) Ltd
PO Box 1139
Ridgeway
2099

Email: info@bhiyozapublishers.co.za
www.bhiyozapublishers.co.za

First edition, first impression 2019
ISBN: 978-0-6398-0956-4

Cover design: Yanga Graphix (Pty) Ltd
Layout and typeset: Yanga Graphix (Pty) Ltd

Okuqukethwe

Isethulo

Jabulani Owen Nene

Lo mdlalo ngiwethula ngenkulu intokozo kumama wami, kunkosikazi wami, abantwana bami kanye nomfowethu esibhale naye le ncwadi.

Celani Lucky Zwane

Lo mdlalo ngiwethula ngenkulu intokozo kumama wami nakudadewethu.

Amazwi okwandulela

Lo mdlalo awugxilile kumalungelo engane kodwa ubheka lapho ingane yenza amaphutha ngoba ithi inamalungelo bese sicwila isidwaba etshwaleni. Kubalulekile ukuthi noma siphila esikhathini lapho izingane zinamalungelo, kuhle ukuba ziwaqonde kahle zingawasebenzisi ngendlela egcina ilimaza ikusasa lazo. Kubalulekile futhi ukuthi izingane ziqonde ukuthi abazali bazo abasoze baziholela eweni.

Ingangani "Nina boHlanya olusemehlweni amadoda."

Abadlali

MaDlamini	-	Umama kaZethu
Dube	-	Ubaba kaZethu
Zethu	-	Indodakazi kaMaDlamini noDube
Sthembiso	-	Isoka likaZethu
MaMbatha	-	Umama kaSthembiso
Hlongwane	-	Ubaba kaSthembiso
Thembi	-	Umngani kaZethu
Mnu. Mthethwa	-	Uthisha kaZethu
Nkk. Mbongwa	-	Uthishelakazi kaZethu
Mnu. Dladla	-	Uthishomkhulu kaZethu
Jessica	-	Unesi wasemtholampilo wendawo
Mnu. Ngwenya	-	Usihlalo webhodi elilawula isikole

INKUNDLA YOKUQALA

Isigcawu Sokuqala

(Waye*hlezi esofeni wakhe onesikhumba sengwe endlini uDube ecabanga. Uhlezi kwakhe eKuvukeni eMnambithi. Unkosikazi wakhe uMaDlamini wakhathazeka ngoba wayazi ukuthi le nsizwa ayivesane ihlale yodwa kanjena uma ingekho into eyikhathazayo. Ubonakala uDube esekhuluma yedwa kungazwakali ukuthi uthini. UDube ngalana uyacabanga ngokuthi ubone kahle yini njengoba ebone ingane yakhe uZethu nomfana bebhizi beqabulana. Uthe uyambiza uZethu kodwa wamziba, wangaba nandaba nokuthi ubizwa uyise.*)

MaDlamini : Baba, wahlala sengathi kukhona okungakuphethe kahle, yini?

Dube : Nkosikazi, uphi uZethu?

MaDlamini : Angazi baba?

Dube : Wothi ngikutshele, ngithe ngiqhamuka ngemoto ngiphuma edolobheni ngambona ebhizi nomfana bebambene beqabulana. Ngambiza kodwa akafunanga ukuza kimi. Uvele wangiziba, wabhekisa ikhanda phansi.

MaDlamini : Uthi ubone yena ngempela baba?

Dube : Uthi nkosikazi mina angikwazi ukubona ingane yami uma ngihlangana nayo?

MaDlamini : Cha baba angisho njalo.

Dube : (*UDube wamphazamisa esathi uyakhuluma, esho ngokucasuka okukhulu*). Uthini nkosikazi?

MaDlamini : Ngithi baba mhlawumbe bebekhuluma ngomsebenzi wesikole.

Dube : Abantu abakhuluma ngomsebenzi wesikole abaqabulani nkosikazi. Futhi kungani ngesikhathithi ngimbiza uZethu evele wangiziba?

MaDlamini : Mhlawumbe ubesaba ukuthi uzomshaya futhi uyakhohlwa baba ukuthi izingane zethu zifunda i-*Life Orientation* (L.O).

4

Dube	:	Yini khona lokho nkosikazi?
MaDlamini	:	I-L.O. yisifundo ngomuntu nangabanye kanye nomphakathi. Ikhuluma ngamakhono, ulwazi kanye namagugu ngokuzimela, imvelo, izakhamuzi ezithintekayo, impilo enempilo nenezithelo ezinhle, ukuzibandakanya komphakathi, ukuzijabulisa kanye nokusebenza komzimba, imisebenzi kanye nokukhetha imi…
Dube	:	Awume kancane nkosikazi, uchaza ukuthi i-L.O. efundisa ingane yami ukuthi iqabule abafana phambi kwami?
MaDlamini	:	Cha baba, kodwa ibafundisa ukuthi … (*Wavesane wangena uZethu endlini, engakasho lutho uMaDlamini, uDube wavele wamngena olimini uMaDlamini*)
Dube	:	MaDlamini musa ukuvikela ingane ibheda.
MaDlamini	:	Zethu uphumaphi?
Zethu	:	Ngiphuma ngaphandle mama.
MaDlamini	:	Ubaba wakho ungitshela ukuthi ububambene nomfana ngaphandle, ngabe kunjalo?
Zethu	:	Cha, mama akunjalo. Mhlawumbe ubaba uyangiphambanisa nenye intombazane.
MaDlamini	:	Zethu, usho ukuthi ubaba wakho angadidwa nguwe?
Zethu	:	Nakhu udidekile mama.
MaDlamini	:	Zethu kodwa ungayenza kanjani into enjalo ikakhulukazi phambi

5

kukayihlo.

Zethu : Angiyenzanga mama.

MaDamini : Yini eyenza kuqondane kangaka pho Zethu? Ubuphumile, kwase kuthi

ubaba wakho wabona intombazane efana nawe iqabulana nomfana

ngaphandle.

Zethu : Ubaba mhlawumbe sekuyisikhathi sokuthi athole izibuko ngoba ngiyabona

ukuthi iminyaka isihambile futhi iyahambisisa.

MaDlamini : Zethu uyazizwa ukuthi uthini?

Zethu : Yebo, mama ngizizwa kahle.

MaDlamini : Zethu uyazizwa ukuthi uyedelela?

Zethu : Kungcono ngithule mama ngoba uma ungibuza imibuzo ngikuphendula uthi

ngiyedelela.

MaDlamini : Zethu musa ukungenza ingane, ngabe nguwe yini lona obuqabulana

nomfana ngaphandle?

Zethu : (*Athule uZethu isikhashana, kuthi ngelikade aphendule*) Yebo mama.

Ngicabanga ukuthi sekuyisikhathi sokuthi nazi ukuthi sengine-*boyfriend*,
iyangithanda futhi nami ngiyayithanda, ngamanye amazwi siyathandana.

Dube : (*Angenelele uDube.*) Yiyo i-L.O. yabo le nkosikazi, ebafundisa ukuthi

bakhulume nathi kanje, bangasihloniphi?

MaDlamini : Zethu, uyazizwa ukuthi uthini?

Zethu : Yebo, mama. Esikoleni basitshele ukuthi akumele sifihlelane lutho nani,

6

kumele nazi ngazo zonke izinto ezenzeka empilweni yethu.

MaDlamini : (*Esho ngezwi eliphezulu*) uchaza ukuthi esikoleni banifundisa ukuthi

kumele ningabahloniphi, ningabalaleli abazali, nibatshele ukuthi nina

niqomile niyizingane ninamadoda?

Zethu : Mama akusiyo indoda, i-*boyfriend.*

MaDlamini : Zethu ungenwe yini? Ubani okufundisa ukukhuluma kanje nathi? Uyazi

ukuthi mina ngizoku... (*Esho ephakamisa isandla uMaDlamini ethi
uyamshaya ngempama*).

Zethu : Mama ungalinge. Ufuna ukungishaya? Ngiyakwethembisa wangithinta nje

ngizokubophisa.

MaDlamini : Dube, uyabona ukuthi sizalelwe yinja endlini?

Dube : (*Esho ngokucasuka, sengathi ufuna ukukhala ngoba engakholwa lento

ayizwayo ngezindlebe zakhe.*) Ngikutshelile ukuthi lo mntwana uyedelela,
ngakutshela ukuthi ubeqabulana nomfana ngaphandle, Phambi kwami
MaDlamini, wena wathi i-L.O eyenza ukuthi le ngane ibe njena.
Uyayibona-ke manje le L.O yenu?

MaDlamini : Baba ngizoyibulala le ngane, ngayithwala izinyanga eziyisishagalolunye,

ngayondla.

Zethu : Angizange ngicele ukuzalwa.

MaDlamini : Hhehheni...lafa elihle kakhulu. Uthini Zethu?

Zethu : Ungizwe kahle mama. Ngithe "angizange ngicele ukuzalwa."

Dube : (*Esecasuke, egane unwabu uDube.*) Zethu phuma kwami, phuma njengamanje ngaphambi kokuba ngikubulale ngezandla zami. Phuma!

Zethu   :   Angeke ngize ngikwazi. Kuyilungelo lami ukuthi kumele nginakekelwe

abazali bami, kuyilungelo lami ukuba nabazali bami banginakekele, kuyilungelo lami ukuthi… (*Esathi uyaqhubeka nokukhuluma isho impama.*)

MaDlamini :   Nami mntanami kuyilungelo lami ukuthi ngikwenze njena, (*Iqhume enye*

impama.) uyabona wena ufike lapha emhlabeni ngoba bekuthanda thina, futhi uyohamba lapha ngoba kuthanda thina. Uyangizwa?

Zethu   :   (*Ekhala.*) Mama ungishayelani, ngikwenzeni? Ungishayela ukukhuluma

iqiniso. Uyangishaya? Kanti nina nifunani? Nifuna ukuthi sinitshele ukuthi kwenzekalani empilweni yethu noma nifuna ukuthi singanitsheli amaqiniso?

MaDlamini :   Usenomlomo namanje? (Isho *enye impama.*)

Dube   :   (*Ekhulumela phansi*) Akakhali uyazenzisa lowo.

Zethu   :   Ngiyabona ukuthi niyangizonda layikhaya, aningifuni.

Dube   :   Nkosikazi ake unginike yena lowo muntu ngithi ukumbonda

ngogad'izichwensi, ngimenze isilo sengubo. Iyedelela le ngane. Siyisa ezikoleni eziphezulu zasemadolobheni ukuthi ithole imfundo engcono, imfundo esingazange siyithole kodwa yona isenza izilima zayo ngoba thina singanamalungelo. (Akhulume abhekise kuZethu uDube.) Ngane yami, ngizokushaya, ngikushayele ukuthi uzotshela uhulumeni wakho ukuthi mina lo uDube ngikushayele amalungelo akho. Aphi wona lawo malungelo?

MaDlamini :   Zethu, ubadelela kanjani abazali bakho ngalolu hlobo? Uyalazi ibhayibheli

8

mntanami ukuthi lithini? Kunevesi elitholakala ku-Eksodusi 20:12, elithi " Hlonipha uyihlo nonyoko ukuze izinsuku zakho zibe zinde ezweni uJehova uNkulunkulu wakho akunika lona." Kanye noDuteronomi 5:16, othi "Yazisa uyihlo nonyoko, njengalokho uJehova uNkulunkulu wakho wakuyala, ukuze izinsuku zakho zibe zinde, kube kuhle kuwe ezweni uJehova uNkulunkulu wakho akunika lona." Wena uthini ngala mavesi? Uyabona ukuthi uyazinciphisa izinsuku zakho zokuphila ezweni uma uziphatha ngale ndlela?

Zethu   :   Mama … (Ngezwi eliphansi.)

Dube

noMaDlamini :   *Thula! (Basho kanye kanye bobabili uMaDlamini noDube.)*

MaDlamini   :   *(Esho ngokucasuka.)* Siyalibeka nawe uyalibeka. Ucabanga ukuthi uyini

                        wena? Hha, ucabanga ukuthi uyiNdlovukazi?

Dube   :   Makaphume la kwami anginayo mina ingane yamalungelo. Lutho.

                        Anginayo. Phuma, phuma njalo. Phuma uphele.

Zethu   :   *(Ephuma ekhala izinyembezi zigobhoza ebusweni.)*

Dube   :   *(Kuthulekile manje endlini abasakhulumi uMaDlamini kanye noDube..*

                        Esehambile uZethu.)

MaDlamini   :   Baba, kodwa…

Dube   :   *(Engakaqedi ukukhulma uMaDlamini. UDube wamngena emlonyeni.)*

                        MaDlamini ungalinge. Ngiyazi ukuthi ufuna ukuthini. Kuzoze kube yinini umuntu edelelwa yingane yakhe?

MaDlamini   :   Ukuthi baba selishonile ilanga futhi kunezigebengu la ngaphandle,

                        ngicabanga lokho ngoba eyingane yentombazane.

9

Dube	:	Khululeka nkosikazi, uhulumeni uzomvikela, uyakhohlwa ukuthi lo mntwana unamalungelo.
MaDlamini	:	Dube omuhle ngiyakucela. (*Esho ezama ukumthambisa.*)
Dube	:	MaDlamini, musa ukungithambisa. Ngicasuke kabi.
MaDlamini	:	Ngiyazi baba.
Dube	:	Umuzi kababa lo MaDlamini, kukwaDube layikhaya. Uyangizwa, angeke ngivume ukwedelelwa yingane yami ingitshele ukuthi yona inamalungelo. Ifike ngesikhathi esithandwa iyona emzini kababa. Lutho.
MaDlamini	:	(*Esho ngezwi elithambile.*) Ngiyakuzwa baba. Angikuphiki lokho okushoyo kodwa ngithi, baba, Dube elimthende, Dube elihle, xola manje. Mayibuye ingane. Ngiyakucela baba. Ngihlale ngikuxolela mihla namalanga emaphutheni akho, ngikujabulise awungijabulise nami ngiyakucela phela myeni wami. (*Ambuke ngeso elihle elithambile*)
Dube	:	Makabuye-ke. Kodwa kumele axolise.
MaDlamini	:	Kulungile baba.

(Aphumele ngaphandle uMaDlamini eyofuna uZethu kodwa lutho ukumthola. Abuze omakhelwane ukuthi abazange bambone yini, kodwa lutho, akekho ombonile. Aphume eyomfuna emgwaqeni nasesitolo ukuthi angamthola yini.)

****

Isigcawu Sesibili

(Athathe ifoni uZethu afonele isoka lakhe uSthe. Ulifonela nje yingoba ufuna ukulixoxela ukuthi kubo sebemxoshile. Kumele limsize ngendawo yokukhoselisa ikhanda.)

Zethu   :   Sthe ngicela uzongilanda. *(Esho ekhala.)*

Sthe   :   Kwenzenjani? Ukuphi?

Zethu   :   Umama nobaba bangixoshile? Ngingasesitolo esingenhla kwakini. Ngicela

usheshe ngoba kuyahwalala ngiyesaba. *(Esho ngezwi elincance lobuntwana nelokuncenga)*

Sthe   :   Ngeke kudale izinkinga ukuthi ngizokulanda? Phela ngiyamazi ubaba

wakho ukuthi ikhanda lakhe liyagxabha.

Zethu   :   Musa ukukhuluma kakhulu. Woza ngikulindile. (Useqala nokwesaba ngoba

kuhwalala ngamandla.)

Sthe   :   *(Alubeke phansi ucingo. Esho ecabanga "uma ngimlanda uZethu*

ngizombeka kuphi ngoba umama nobaba bakhona. Nangu uZethu
ezongifaka enkingeni. Nakusasa ilanga lesikole.) Athathe ucingo bese
efona. Zethu ngeke kulunge ukuthi ngikulande manje mntakwethu. Umama
nobaba bakhona. Uma ngikulanda uzongena kanjani endlini?

Zethu   :   Wangingenisa kanjani ngesikhathi ngilala lapho?

Sthe   :   Phela ngalelo langa umama wayengekho. Kwakukhona ubaba futhi

wayedle amanzi amponjwana. Uyamazi nawe umama wami ukuthi
uyashesha ukubona uma kukhona engikwenzayo okuphambene nomthetho.

Zethu   :   (Esho ngokucasuka okukhulu?) Ngikule nkinga kungenxa yakho. Yisho

11

uma ungafuni ukungilanda kunokuthi ngime lapha ngikulindile ngibe yisilima.

Sthe : Kulungile. Ngiyeza njengamanje. (Ekhuluma yedwa. Uyacabanga ukuthi uma emlanda uZethu uzomfaka kanjani. Avule ifasitela lendlu yakhe. Aphume ahambe aye ngasesitolo.)

Zethu : (Esho efona uZethu). Kwakuthatha isikhathi eside kangaka manje. Kwenziwa yini?

Sthe : Sawubona *Babygirl*. Ungabe usafona sengifikile Sthandwa sami. Waba nolaka kangaka kwenzenjani namhlanje?

Zethu : Ngisenkingeni ngixabana nomama nobaba ngenxa yakho.

Sthe : Uxabana nabazali bakho ngenxa yami?

Zethu : Yebo, kunjalo.

Sthe : Kodwa ngakukhuza ngathi ubaba wakho loya owayesibona, asiyeke ukuqabulana. Kepha wena waqhubeka waba nenkani wathi akasiboni. Wathi noma ekubiza wamziba.

Zethu : Yebo, kwenzeka lokho manje angeke kungisize ngalutho ukungikhumbuza khona. Kuphela kudingeka isisombululo manje.

Sthe : Yini kanti esiyonakele kakhulu?

Zethu : Ziningi izinto ezonakele Sthandwa sami. Ngiyacabanga kumele umama ngimtshele iqiniso elingaphezu kwaleli engimtshele lona ngoba uma eze wazitholela yena kungase kube nzima kakhulu. Inkinga enkulu ukuthi angazi ngizomtshela kanjani?

Sthe : Uchaza ukuthini uma uthi awazi uzomtshela kanjani? Ungamtshela kanjani

12

nathi singakazi kwenzakalani?

Zethu   :   Wena awazi. Mina ngiyazi ukuthi kwenzakalani. Ngiyazibona futhi ukuthi

ngiyakhuluphala.

Sthe   :   Wazi ngani noma ukhuluphaliswa yila magwinya ohlezi uwadla?

Zethu   :   Uyangidelela uma uthi ngikhuluphaliswa amagwinya. Wake wangibona

ngidla amagwinya mina? Ungibona nginobuso bamagwinya yini?

Sthe   :   Cha, bengidlala Sthandwa sami. Asambe siyozama indlela yokungena

ekhaya ngoba lolu daba ngathi lujule ngaphezu kokuba ngicabanga.
(Ngesikhathi bethi bayahamba ezwe izwi limmemeza uZethu. "Zethu,
Zethu, Zethu…." Wathi ubheka ngemuva uZethu wabona umama wakhe.
Wadla phansi uSthe. Akasabhekanga ngisho nasemuva.)

MaDlamini   :   Zethu yini lento oyenzayo? Wenzani?

Zethu   :   (Angaphenduli uZethu. Avele aqudule abheke lena.)

MaDlamini   :   (UMaDlamini adonse UZethu ngesandla bahambe.) Asambe siye ekhaya.

Ufuna ukungixabanisa nobaba wakho manje nala malungelo akho?
(Bahambe kanjalo kuthi nje uma befika endlini. Befice ubaba wakhona
engasekho egunjini lokuphumula, esesegunjini lokulala.) Hamba uyolala
indaba yakho soyikhuluma kusasa.

Zethu   :   (Uyolala nje uZethu uyacabanga ukuthi uSthe uvele wamshiya kanjeya

ngesikhathi kuqhamuka umama wakhe.)

****

13

Isigcawu Sesithathu

(*Kwahamba izinsuku, kwacaca ngempela ukuthi lento abebeyisola uZethu noSthe isondelene nokuthi ibe liqiniso.*)

Zethu   :   (*Azibuze manje uZethu ukuthi uzomtshela kanjani umama wakhe ngale*

ndaba? Kanti nomama wakhe uzibuza umbuzo ofanayo ukuthi uZethu wakhuluphala kangaka kulezi zinsuku. Kungabe ukukhuluphala nje okungasho lutho noma yilokudla okumnandi akuthandayo?)

MaDlamini :   (*Wathi nje angaphuma esikoleni uZethu wambiza umama wakhe.*)

Kuhamba kanjani esikoleni?

Zethu   :   Kuhamba kahle mama?

MaDlamini :   Empilweni yakho?

Zethu   :   Nasempilweni kuhamba kahle?

MaDlamini :   Ngicela ungichazele-ke mntanami ngokubaluleka kwe-LO. eniyifundayo?

Zethu   :   Yini indaba ufuna ukwazi nge-LO. mama? Ufuna ukubuyela esikoleni yini?

MaDlamini :   Cha, ayi ngoba ngifuna ukubuyela esikoleni? Ngifuna ukwazi ukuthi ithini

ngokuziphatha kwenu ngoba niyizingane?

Zethu   :   Iyasifundisa ngokuthi siziphathe kahle singalali nabafana. Uma kwenzekile

kwenzeka iphutha kumele kusetshenziswe ijazi lomkhwenyana. Iyasifundisa futhi nangengculazi ukuthi ikhona futhi iyabulala. Nanokuthi abantu abaphethwe yiyo kumele basebenzise imishanguzo.

MaDlamini :   Uyazi ukuthi yini eyayisivikela ngezikhathi zakudala ezifweni zocansi

nasekukhulelweni?

Zethu   :   Cha mama. Ngicela ungichazele.

MaDlamini	:	Sasizazi futhi sasiziqhenya ngokuba yizintombi. Futhi sazi ukuthi uma

siphoxe abazali ukufa kodwa okuzolandela. Futhi sasithanda ukulandela imithetho yebhayibheli eyishumi ehlanganisa nomthetho othi "kumele ushade kuqala ngaphambi kokuzibandakanya ocansini."

Zethu	:	Ngiyezwa mama. Pho uma kwenzeke iphutha elithile nazithola nephule lo

mthetho wokuziphatha kwakuthathwa siphi isinqumo?

MaDlamini	:	Sasizama ngayo yonke indlela ukuyigcina yonke mntanami.

Zethu	:	Usho ukuthi mama akekho noyedwa okwakwenzeka awephule?

MaDlamini	:	Ngoba ngishilo mntanami sasiziqhenya ngobuntombi bethu futhi

sibahlonipha nabazali. Singafuni ukubaphoxa. Ingabe kukhona yini into ofuna ukungitshela yona?

(Acabangisise uZethu ukuthi amazise yini umama wakhe ukuthi uyasola ukuthi uzithwele ngoba useqiwe yizinyanga engayi esikhathini? Wabona ukuthi uma emtshela njengamanje uzombulala ngezakhe izandla. Kanti vele uMaDlamini ukhuluma konke lokhu, yingoba uyasola ukuthi indodakazi yakhe ikhulelwe?)

Zethu	:	Cha, mama akukho lutho.

MaDlamini	:	Ungakhohlwa ukuthi "akukho qili lazikhotha emhlane."

Zethu	:	Wakhuluma mama sengathi unesiqiniseҡiso ngokuthile?

MaDlamini	:	Ungakhohlwa ukuthi ngimdala kade kwasa ngibona mntanami.

Zethu	:	(*Athule uZethu kodwa abonakale ukuthi kukhona into emkhathazayo.*)

MaDlamini	:	Khuluma phela. Kwenzenjani?

Zethu	:	(Aphinde athule uZethu.)

15

MaDlamini	:	Ukuthula kwakho kuyangisolisa ukuthi kukhona okushaya amanzi, Zethu
		ingabe ungenzani? Ngingamtshela kanjani ubaba wakho?
Zethu	:	Ngiyaxolisa mama kodwa akukho lutho.
MaDlamini	:	Ngizowathatha amazwi akho, kodwa wogawula ubheke mntanami. Kubi la
		ngaphandle.

****

Isigcawu Sesine

(UDube ukhuluma noMaDlamini mayelana noshintsho alubona kuZethu.)

Dube : MaDlamini awungitshele kahle, uqale nini uZethu ukungayidli inyama

ebomvu?

MaDlamini : Akayidli inyama ebomvu? Angikaze ngikuqaphele lokho baba.

Dube : Musa ukudlala ngami nkosikazi. Izolo ubupheke inyama ebomvu

akazange ayidle. Nangeviki eledlule wawuyiphekile wangayidla kodwa wakhetha ukuziphekela eyenkukhu. Ngabe umuntu sekuzomele athenge inyama yenkukhu ngaso sonke isikhathi layikhaya? Namaqanda abewathanda kakhulu akasawadli asehlezi egcwele, kungikhumbuza wena ngenkathi ubuzithwele ngoZethu.

MaDlamini : (*Athule uMaDlamini, ecabanga isu angatshela ngalo indoda yakhe ukuthi*

uZethu kungenzeka ukuthi ukhulelwe. Athathe isikhwama semali ahambe. Wathi ebuya wabuya nebhodlela le-whiskey. Wathi Baba ngikuphathele into emnandi.)

Dube : Ukhisimuzi yini namhlanje nkosikazi? (*Esho emoyizela*)

MaDlamini : Cha baba, ngithe angikuthengele ibhodlela lakho olithandayo ubusebenza

kakhulu kulezi zinsuku.

Dube : (Amoyizele kakhulu uDube.) Athi awuthele kancane ngithi ukuphuza

nkosikazi.

MaDlamini : (*Wathela waqinisa uMaDlamini ukuze i-whiskey isheshe ingene kuDube.*)

Dube : Wathela kangaka nkosikazi. Ufuna ngiwe zisuka yini?

MaDlamini : Cha phuza Dube elimthende.

Dube	:	(*Uthe uDube efika engilazini yesithathu wezwakala ukuthi useyathamba.*)
MaDlamini	:	Baba kukhona indaba okumele sithi ukuthi qaphuqaphu ngayo.
Dube	:	Khuluma nkosikazi ukhululeke. Ungithengele ne-*whiskey* engiyithandayo
		ngijabule kabi namhlanje.
MaDlamini	:	Kungenzeka baba ukuthi inja yakwamakhelwane idle amaqanda layikhaya.
Dube	:	(*Kwezwakala ingilazi iphihlika phansi.)* Musa ukungenza isilima

MaDlamini. Ubungangithengeli i-*whiskey* ngoba ngisebenze kanzima ubungithambisa. Musa ukuthi ucabanga ukuthi uZethu ukhulelwe, uyazi vele. Ukube ubungazi ngabe awungithengelanga i-*whiskey*. Ngitshele MaDlamini ukhulelwe yini noma cha?

MaDlamini	:	Zonke izimpawu zikhombisa ukuthi ukhulelwe baba. Umfaniswano
		wesikole nawo awusamlingani kahle.
Dube	:	Ngizoyibulala le ngane! Iphi? (*Esho ngokucasuka, kodwa* i-*Whiskey isheshe*
		yafika emadolweni)
MaDlamini	:	Baba ngicela wehlise umoya.
Dube	:	Kuzomele umthathe njengamanje umuse esibhedlela uzothola isiqiniseko
		sokuthi ngabe ukhulelwe yini. Uma ekhulelwe angimfuni layikhaya. Akaphume aphele emagcekeni omuzi kababa.
MaDlamini	:	Cha baba kumele sibonisane ukuthi uma ekhulelwe ngempela le ndaba
		soyimisa kanjani. Angiboni kuyisu elihle ukuthi uma ekhulelwe umxoshe layikhaya.
Dube	:	Uyamvikela yini lo mntwana. Okokuqala ngathi uma ngimbona eme

nomfana ngithi ngiyambiza wangangilalela kanti uyazi ukuthi ufuna ukuyomitha. Letha lana leyo *whiskey* yami. Sheshisa. (*Esho ethatha ibhodlela le-whiskey eyiphuza ngalo ibhodlela engasafakanga okokuyithambisa ukuze ithibeke amandla.*)

MaDlamini : (*UMaDlamini wabona ukuthi uDube ucasuke uganwe unwabu. Wahamba waya ekameleni likaZethu.*) Umzwile ubaba wakho ukuthi utheni? Ungixabanisa naye manje Zethu. Okulandela lapha manje uzoxosha mina layikhaya ngenxa yakho.

Zethu : (*Usho konke lokho akushoyo uMaDlamini uZethu uthule umbhekile nje.*)

MaDlamini : Kusasa kumele sihambe siye esibhedlela siyothola isiqinisekiso sokuthi ukhululwe yini noma cha. Uma kungukuthi ukhulelwe kuzomele isisu siyiswe kubaba womntwana.

****
****

INKUNDLA YESIBILI

Isigcawu Sokuqala

(*UZethu uya esikoleni eMnambithi lapho efunda khona e-Harvest High eqhuba isisu sakhe esikhulu ehambisa okomfazi oshadile ojatshuliswa ukuthi usezothola ingane. Othisha baqaphela indlela uZethu aziphatha ngayo. Yingakho uthisha wekilasi lakhe efuna ukukhuluma naye. UZethu usesikoleni ukhuluma nothisha wakhe uMthethwa.*)

Zethu : Sawubona Thisha.

Mthethwa : Sawubona Zethu.

Zethu : Unjani?

Mthethwa : Ngiyaphila. Wena unjani?

Zethu : Nami ngiyaphila.

Mthethwa : Uyabonakala ukuthi uyaphila nangendlela osukhuluphele ngayo.

Zethu : Kuyaphileka thisha ukukhuluphala kusho khona ukuthi ngiphatheke kahle

ekhaya. (*esho ehleka*)

Mthethwa : Ngiyakuzwa Zethu lokhu kukhuluphala kwakho kodwa kubukeka

kuyilokhu okungahambisani nenqubomgomo yesikole.

Zethu : Akuhambisani kanjani nenqubomgomo yesikole thisha?

Mthethwa : Nihlezi nishunyayezwa lapha esikoleni ngokuthi umuntu uma ehlaselwe

yilokhu kukhuluphala okukuhlasele kumele ahlale ekhaya kuze kushaye

isikhathi lapho asengakwazi ukubuyela esikoleni bese eyabuyela.

Zethu : Manje kusho ukuthi umuntu kumele azace sengathi wagwinya ucingo ukuze

isimo somzimba wakhe sihambisane nenqubomgomo yesikole?

Mthethwa	:	Ukuze kucace kahle ngoba ngiyabona ukuthi uzenza ngathi awungizwa kahle kulolu daba angilibeke liqonde. Wazi kahle Zethu ukuthi umfundi okhulelwe akadingeki lapha emagcekeni esikole. Le nqubomgomo iyatholakala ku-*code of conduct* esayinwa abafundi nabazali uma kuqala unyaka.
Zethu	:	Ngiyayazi le nqubomgomo okhuluma ngayo thisha kodwa mina ayingithinti okwamanje ngoba angikhulelwe ngizikhuluphalele nje.
Mthethwa	:	Kuzomele ngikuthathe ngiye nawe ehhovisi likathishanhloko ukuze naye ezokubona ngoba phela mina ngathi awungizwa kahle mhlawumbe yena uzomuzwa kangcono.
Zethu	:	Asikho isidingo salokho thisha. Sobe sichitha isikhathi, uthishomkhulu uzobona naye ukuthi ngizikhuluphalele akukho lutho olutheni.
Mthethwa	:	Ngoba sengathi sizoshonelwa yilanga uma silokhu siphikisana ngalolu daba ake ngikuthathe ngikuse ehhovisi likathishanhloko.
Zethu	:	Thisha ngiyakucela ungangisi ehhovisi likathishanhloko. Ngingakwenzela noma yini oyifunayo. Phela angizimisele ngokuxoshwa esikoleni.
Mthethwa	:	Mina yinye vo into engingathandi ungenzele yona.
Zethu	:	Iyiphi thisha. Ngingakwenzela uma nje sizovumelana.
Mthethwa	:	Kuhle impela uma ukhuluma ngokuthi uma singavumelana. Ngifuna sivumelane kulento ozongenzela yona.
Zethu	:	Isho manje Nyambose omkhulu.
Mthethwa	:	Zethu ake sivumelana ngokuthi uzoyenza.

21

Zethu	:	Yebo, thisha ngizoyenza.
Mthethwa	:	Uqinisekile ngalokho.
Zethu	:	Yebo thisha ngiqinisekile.
Mthethwa	:	Uyabona ndodakazi okuzomele uqale ukwazi ukuthi ngiyawuthanda umsebenzi wami futhi ngiyawuhlonipha.
Zethu	:	Yebo thisha ngiyakwazi lokho kodwa manje amagama akho aseyangidida ngoba bese ngithi senza i-*deal*.
Mthethwa	:	Yebo i-*deal* kumele siyenze futhi iphumelele Zethu.
Zethu	:	Ngitshele thisha yini engingakwenzela khona "Mkhatshwa, Wena owakhatshwa ngezinde izinyawo."
Mthethwa	:	Angikaze ngikuzwe ungithakazela kamnandi kangaka Zethu.
Zethu	:	Ukuthi phela wena Dingiswayo una- *that thing* (Esho emoyizela) abanye othisha abangenayo.
Mthethwa	:	Ngiyavumelana nawe kulokho Zethu ukuthi mina nginento abanye othisha abangenayo.
Zethu	:	Ake sihlale kwi-*theme* ofuna ngikwenzele khona *my handsome teacher*.
Mthethwa	:	Ake sivumelane ukuthi ngeke sisalokhu siphikisana uma sengisifakile isicelo sami Zethu.
Zethu	:	Yebo ngiyafunga Mkhatshwa angeke ngisiphikise.
Mthethwa	:	Kulungile Zethu. Asambeke.
Zethu	:	Siyakuphi Dingiswayo?

22

Mthethwa	:	Ngilandele.
Zethu	:	Anginankinga nokukulandela, ngicela ucacise phela ukuthi ngikulandela

siyaphi.

Mthethwa	:	Siya kuthishomkhulu.
Zethu	:	Ngoba bengithi sesikhulume kahle nje. Yini manje esidala ushintsho?
Mthethwa	:	Zethu, kwesikhulume ngakho akukho okushintshile. Sivumelene ukuthi

mina engizokucela ukwenze, uzokwenza.

Zethu	:	Yebo ngisho kanjalo kodwa hhayi okokuthi ungise kuthishomkhulu.

Bengithi sesivumelene kulokho.

Mthethwa	:	Ngiyabona ukuthi kukhona okumele ngikukhumbuze khona Zethu.
Zethu	:	Yikuphi lokho Dingiswayo?
Mthethwa	:	Ukuthi mina ngoba nginguthisha nje ngabufundela ubuthishela futhi

ngafunga ukuthi ngizoziphathisa okothisha oqotho kuze kufike isikhathi lapho ngithatha umhlalaphansi ebuthisheni. Manje ngicela ungalinge udlale ngomlilo. Ngiyakubona ukuthi ukhasela eziko.

Zethu	:	Thisha ngiyakucela ikusasa lami leli kusho ukuthi uma ngivuma ukuya

kuthishomkhulu sengizoxoshwa lapha esikoleni ekubeni nezivivinyo zokuphela konyaka sezisondele ekubeni ngenza nebanga leshumi. Ngizoba yini uma ngihamba lapha esikoleni ngingasaqedile ibanga lami ngonyaka ozayo ngithi uma sengibuya kuthiwe angiyoqala kwa-*grade 11*. Ngiyakucela ungicabangele thisha ngizozama ukuthi ngigqoke izinto ezizongifihla ngingabonakalisi isimo sami.

Mthethwa	:	Ngiyazwelana nawe kakhulu Zethu kodwa akukho njengamanje

23

engingakusiza ngakho noma ngifisa ngayo yonke indlela. Ohlaba eyakhe akaphikiswa Zethu.

Zethu	:	Uqonde ukuthini thisha uma uthi ohlaba eyakhe akaphikiswa?

Mthethwa : Ngiqonde ukuthi uZenzile akakhalelwa.

Zethu : Angikuzwa mina thisha uqondeni ngicela uhlale kwi-*point* ngoba ukucikoza kwakho kubuye kudale i-*confusion* lapha kimi.

Mthethwa : Ngokulula bengiqonde ukuthi akukho umuntu angakusiza ngako ngoba uwena ozifake kule nkinga. Okubi kakhulu uzifake wazi kahle nenqubomgomo yesikole. Uphoxe isikole waphoxa nabazali bakho.

Zethu : Kodwa thisha kungenzeka ukuthi akunjengoba ucabanga.

Mthethwa : Bathini bona abazali bakho uma unjena? Bakuvumela kanjani nokuthi uze esikoleni unjena ngoba emhlanganweni yesikole kuhlezi kushiwo ukuthi ingane ekhulelwe ayidingeki emagcekeni esikoleni. Kumele ihlale ekhaya ize ibelethe bese ikhani ibuya esikoleni.

Zethu : Abazali bami abasho lutho ngoba ababoni lutho njengoba vele kungekho lutho.

Mthethwa : Washintsha uDludlu waba uDladla manje. Angiyona ingane mina ngimdala Zethu. Kuzomele uma sifika ehhovisi likathishanhloko sithathe ucingo-ke sishayele abazali bakho bazochazela usihlalo we-*governing body* nothishomkhulu ukuthi ngoba bayayazi inqubomgomo yesikole bakuvumele kanjani ukuthi uze esikoleni.

Zethu : Hawu Dingiswayo! Ngiyakucela ungayenzi leyonto.

Mthethwa : Manje uthini-ke siyahamba ukuya ehhovisi likathishomkhulu noma

24

ngihamba ngedwa bese ubizwa usubizwa nguye uthishomkhulu?

Zethu   :   Kulungile siyahamba thisha.

Mthethwa   :   Asambeke.

Zethu   :   Thisha kusho ukuthi uma kuwukuthi ngikhulelwe uyangixoshisa esikoleni

ekubeni wazi ukuthi sasuka nawe kwa-*grade 8* ngoba sesikwa-*grade 12* futhi uyazi ukuthi imina i-*top student* yakho phela usizwa yimi ngama-*memorandums* e-*maths* ne-*physical science* kwazise ngivele ngithole konke ngoba kunjalo.

Mthethwa   :   Ngiyakwazi ukuthi umgumfundi wami ohamba phambili. Ngiphoxekile

ngawe ngoba uma ngikhuluma nabafundi bengihlezi ngenza ngawe isibonelo. Ngithi abasike i-*pattern* lapha kuwe kodwa nami ungiphoxile futhi ngiswele ngisho umgodi wokucasha.

Zethu   :   Thisha ngicela ungisize manje ngiyabona ukuthi iphupho lami lokuba

udokotela liyashabalala.

Mthethwa   :   Mina angiboni kanjalo. Iphupho lakho lokuba udokotela alishabalali,

okubalulekile ukuthi kuzomele uvuke uzithintithe bese uqhubeke nohambo lwakho. Lokhu kuthathe njengokuthi ushelelile kusengalunga uma uzovuka usazazi ukuthi ungubani futhi uphokophelelephi. Sonke siyawenza amaphutha kodwa lokho akusho ukuthi sekuphelile ngempilo. Okubalulekile ukuthi uma kwenzekile wenza iphutha uzame ukuthi uligweme ngomuso bese impilo iqhubekela phambili. Baningi kabi lapha emnyango abantu abaphumelela abenza amaphutha phambilini base bevuka bezithatha. Nawe usengakwazi futhi ukhaliphe kakhulu wena.

Zethu   :   Thisha mina sengicabanga nokuthi uma kungukuthi ngikhulelwe ngempela kungcono ungidedele namhlanje singayi kuthishomkhulu ngizophuma mina ngiye emtholampilo bafike bangibheke ukuthi ngikhulelwe yini uma ngikhulelwe bese ngisihoshula isisu.

Mthethwa : Okokuqala engithanda ukukwexwayisa ngakho ukuthi noma umuntu

wesimame enalo ilungelo lokuhushula isisu kodwa uma isisu sesingaka akuvumelekile ukusihoshula. Wena uyabonakala ukuthi unezinyanga ezibalelwa kweziyisithupha ukhulelwe. Kanti futhi mina ngokwami angihambisani nokukhishwa kwezisu futhi umthetho wesonto uyawazi njengoba sisonta ebandleni elilodwa nomama wakho, naye angiboni engakuvumela ukuthi ugile lowo mkhuba.

Zethu : Thisha ngenzenjani kanti ngoba ngizimisele ngokuya enyuvesi ngonyaka

ozayo futhi nga-aplaya ngisebenzisa amamaki ami e-*term* yokuqala yonyaka kanye nawango-*June?* Bathi enyuvesi ngokwamamaki ami engibathumelele wona ngiya-*qualify* ukwenza i-*medicine* base bethi angiqhubeke ngiyibambe kanje uma ngenze kanje nango-*December* nakanjani bazongithatha ngithole ne-*bursary* ezonginika i-*book allowance*, ingikhokhele ama-*study fees*, inginike i-*mealie allowance* kanye ne-*pocket money*. Manje uyabona thisha ukuthi kubaluleke kangakanani ukuthi ngiye enyuvesi? Okunye okwenza kubaluleke kakhulu kimi ukuthi kumama nobaba nginguzinyobulala, onke amathemba abo bawabeke kimi.

Mthethwa : Uyabona konke lokhu okusho kimi uma ungafika ukuchaze

kuthishomkhulu nakumholi we-*governing body* uxolise ngokuphula ingqubomgomo mhlawumbe bengakuzwela. Nami ngizozama uku-*motivator*. Kwazise lapha kwa-*science* esikoleni uwena i-*top student*. Ngizobakhombisa ama-*records*.

Zethu : Ngiyesaba thisha kuzokwenzakalani uma sebengixosha *same time?*

Mthethwa : Lokho angeke kwenzeke bangabantu phela nabo. *The do reason.*

26

Zethu	:	Thisha wazi kahle ukuthi ayikho ingane yentombazane engakaze imiswe
		lapha esikoleni uma kutholakala ukuthi ikhulelwe ivele imiswe ngesikhathi.
Mthethwa	:	Ngiyakwazi lokho Zethu kodwa okumele ukwazi ukuthi yonke into
		inesiqalo.
Zethu	:	Kulungile ngiyakuzwa thisha.
Mthethwa	:	Kuhle uma usungizwa. Ngicela sihambe.
Zethu	:	Kulungile sizohamba thisha.
Mthethwa	:	Asambe khona manje. Sisalindeni?
Zethu	:	Ngicela ukubuza umbuzo owodwa bese siyahamba thisha?
Mthethwa	:	Mina ngicabanga ukuthi sesikhulume konke, uma useneminye imibuzo
		ungayibuza noma sesisehhovisi likathishomkhulu.
Zethu	:	Ngicela ungivumele ngibuze wena. Phela uthoshomkhulu uyindoda
		enesithunzi.
Mthethwa	:	Ngiyavumelana nalokho okushoyo ukuthi uthishomkhulu uyindoda
		enesithunzi kodwa usebenza ngezinqubomgomo nemithetho yesikole
		konke akwenzayo ulandela zona. Akukho okwakhe aqhamuka nakho. Kanti
		futhi akaguli, akwenzeki umuntu ethi engenze lutho bese emnamathisela
		ngecala.
Zethu	:	Thisha kunganjani sike sithi ukulinda amavikana? Mhlawumbe
		angikhulelwe.
Mthethwa	:	Leyo-*proposal* ungayenza uma ufika ehhovisi likathishomkhulu. Mina

27

akukho okuningi engisengakusho. Kungenzeka ukuthi baningi othisha nezingane asebekubona ukuthi kungenzeka ukuthi ukhulelwe nami benginganakile. Ngexwayiswe uthishelakazi Mbongwu wangibuza ukuthi angikuboni yini ukuthi unjani ngabe sengithi bengingakanaki kodwa ngizokubhekisisa. Ngithe sengikubhekisisile ngabe sengibona nami ukuthi lento ayibonile ibukeka iyiyo. Kube kuhle ukuthi ngizwe ngaye ngoba ukuba ize yabonwa uthishomkhulu bekuzoba sengathi nami ngiyakuvikela ekubeni nami ngiyilunga le-*governing body* ngizazi kahle izinqubomgomo kanye nemithetho yesikole. Awungitshele abazali bakho bathini ngempela? Bakuvumela kanjani uze esikoleni?

Zethu : Abazali bami nabo bebesenezinsolo bebengakabi nesiqiniseko. Umama

kuzomele siye naye emtholampilo sizoyothola ukuthi kwenzakalani.

Mthethwa : Kulungile. Asambe siyobona uthishomkhulu.

Zethu : Yebo asambe thisha kodwa nginovalo. (*UZethu ekhuluma yedwa. "Ngaze*

ngaziyala webakithi. Ukungazi kufana nokungaboni. USthe yena uzoqhubeka afunde aqedele ibanga lakhe leshumi bese eya enyuvesi ngonyaka ozayo ayofundela i-engineering mina lapho ngalowo mzuzu kuzomele ngiqale phansi ngiyobuyela kwa-grade 11. Phela uthishomkhulu nosihlalo we-governing body uma bethola ukuthi ngikhulelwe bazovele bangixoshe esikoleni. Ngaze ngaziphoxa. Ngaze ngabaphoxa abazali bami ekubeni bengithanda, bangenzele yonke into ukungisiza ukuthi ikusasa lami liqhakaze. Kwaze kwanzima emhlabeni. Baqinisile abathi abafana bayizinja, uyabona sengingedwa manje kule nto.")

Mthethwa : (*Bangqonqoze ehhovisi likaDladla nangempela ebavumele bangene*

ehhovisi.)

Dladla : Ninjani mfokaNyambose? Ngabe ningihlasele ngani nesiqengqe

esinguZethu? Ngabe sengoneni?

28

Mthethwa	:	Siyaphila Mgabadeli. Awone lutho. Kunodatshana ebengicela sithi
		ukuxoxa ngalo uma unayo imizuzwana emibalwa.
Dladla	:	Ngabe lolo daba luhlanganisa bani futhi lungani Dingiswayo?
Mthethwa	:	Empeleni lungaso isiqengqe sesikole sethu lesi engihamba naso
		esinguZethu.
Dladla	:	Wozani nodaba ngize nendlebe Nyambose.
Mthethwa	:	Ngoba size kuwe lapha nje Mgabadeli. Bengithi angize kuwe mayelana

nalesi simo engisibonayo nengisisolayo ungaze uzibonele wena bese umangala ukuthi ngangingasiboni yini futhi ngangithuleleni.

Dladla	:	Isiphi isimo engisibonayo. Hlala phezu kodaba MfokaNyambose kungaze

kukhale nensimbi yokubuyela emakilasini ngoba kuseyisikhathi se-*break*.

Mthethwa	:	Ngize lapha mfokaMgabadeli ngoba kukhona engingakuqondi kahle

mayelana nesiqengqe esinguZethu.

Dladla	:	Ngabe uZethu sekukhona ukuhlupha akwenzayo yini ekilasini uma

ufundisa noma akasahloniphi yini Nyambose? Kungangidumaza ukuzwa lokho ngoba ngimazi kusukela kwa-*grade 8* bonke othisha bebabaza inhlonipho, ukuziphatha kahle, ukuhlanzeka kanye nokuphumelela ngamalengiso kuZethu.

Mthethwa	:	Konke lokhu okubalayo thishomkhulu akushintshe lutho. Usayibambe

ngakho umntakaDube elimthente.

Dladla	:	Pho-ke inkinga ikuphi uma konke kuhamba kahle Nyambose?
Mthethwa	:	Empeleni kuhlanganisa ukukhuluphala kwakhe. UZethu ukhuluphala

ngendlela exakile thishomkhulu. Kanti useke wathi uyadla nokunye ukudla waphalaza kaningi ngesikhathi se-*break* ekilasini, futhi enjalo nje usekhonze ukululu kukhulu.

Dladla : Manje ngabe usola ukuthi uZethu akaphilile yini Nyambose?

Mthethwa : Okuyikhona engikusolayo ngathi akaseyedwa thishomkhulu. Sengike

ngabonisana nabanye othisha abamfundisa ezinye izifundo bakhala ngesifanayo. Nami base bethi njengothisha wekilasi lakhe akube yimi engizokwethula udaba kuwe.

Dladla : Ngabe usola ukuthi uZethu ukhulelwe? Uma kungathiwa kunjalo ngabe

uziphoxile waphoxa abazali bakhe waphoxa negama lesikole. Isithunzi sesikole ngabe usidicilele phansi. UZethu phela umfundi wokugcina obungamcabangela lesi simo.

Mthethwa : Yebo thishomkhulu, ngiyasola ukuthi ukhulelwe. Khona nami

bengingakaze ngimcabangele khona uZethu. Ukusolelwa ekukhulelweni bengithi lokho kuyokwenzeka eseqede izifundo zakhe zobudokotela ngoba kade akubeka kwacaca ukuthi ufuna ukuba udokotela.

Dladla : Ake ngizwe wena Zehu ukuthi ngabe zonke lezi zimpawu uthisha wakho

athi bayazibona kuwe ukuthi ngabe wena uyavumelana yini nakho?

Zethu : (*Eqhaqhazela ephendula nangezwi eliqhaqhazelayo. Evuma ukuthi useke*

waphalaza ekilasini ethi uyadla. Kanti futhi unokozela okuyisimanga kamuva.) Ye … bo thi..sho …mkhu… lu.

Mthethwa : Nami ngiyabona ukuthi emzimbeni usuthe ukuzuza isisindo. Mina

benginganake lutho ngoba phela nginibona ngaleso sikhathi. Ngizocela

ukuthi phambi kwakusasa ufike noMzali esikoleni. Ungalinge uze

30

ngaphandle komzali. (*Ebe ebonga kuNyambose ngokufika noZethu kube kuhlukanwa.*)

Isigcawu Sesibili

(*UMaMbatha ukhuluma nomyeni wakhe uHlongwane emzini wabo ngale ndaba kaSthe noZethu baze babiza naye umnini wendaba uSthe.*)

Hlongwane : WeMaMthiya kodwa uyangizwisa yini amahemuhemu ngendodana yakho?

MaMbatha : Yona yiphi Ngwane?

Hlongwane : Yona yodwa lena esihlala nayo lapha ekhaya.

MaMbatha : Yini ngabe uzwa sebemsukela bathi usenzeni uSthe?

Hlongwane : Ngeke saqinisekisa ukuthi bayamsukela nkosikazi. Izingane lezi ngeke waziphikela kakhulu.

MaMbatha : Abantu sebeqala umona wokuthi indodana yami iziphethe kahle, iyahlonipha futhi nesikole iyasithanda.

Hlongwane : Kweyokuthi phambi kwamehlo ethu uziphethe kahle, uyahlonipha futhi nesikole uyasithanda ngivumelana nawe kulokho. Kodwa kwelomona ngeke ngaqinisekisa ukuthi badlala wona phela ayinuki ingosiwanga ntombi kaShandu.

MaMbatha : Awuze nendaba ngize nendlebe ngala manga asebewaqambela umntanami.

Hlongwane : MaMthiya akumele sijahele ukuthi lawa ngamanga singakabi nesiqinekiso.

MaMbatha : Amanga odwa lawa, uyamazi uSthe ukuthi akasali ngisho ngeSonto ngiya esontweni. Uhlezi ehamba nami futhi ekhombisa ukukuthokozela kakhulu. Ababheke izindaba zabo bakhohlwe ukudlela umntanami umona. Labo bantu abaphume baphele kumntanami.

Hlongwane : Nibuye nihluphe nina bantu besifazane ngoba icala kini lisheshe liphethwe lingakafiki nasemajajini.

| MaMbatha | : | Mthiya kwaba sengathi nawe uhambisana nabo labantu abakhuluma kabi |
| | | ngengane yami ngenxa yomona. |

Hlongwane : Mina uyangazi MaShandu ukuthi nginjani, umuntu owenza okuhle ngihlezi

ngimesekela kodwa angihambisani nhlobo nomuntu ophuma esandleni. Kumele ngabe ungazi kahle ngoba sesishade iminyaka engamashumi amabili nesikhombisa. Angisoze ngadayisa ngengane yami mina kodwa futhi angisoze ngayivuna uma ibheda. Uma iphuma esandleni kumele ivune ekutshalile.

MaMbatha : Ngikwazi kahle Ngwane ngicela usale usuhlala endabeni.

Hlongwane : Yazi le ndaba engiyizwile angikayikholwa namanje ukuthi ngiyizwe

ngalezi zami izindlebe futhi bese kungesikhona okokuqala okwenze ngacabanga ukuthi kumele sithi ukuyingqumuza nawe.

MaMbatha : Sengizwile baba sale usuhlala odabeni. Imbuzi ayisukugudla iguma.

Hlongwane : Angazi nokuthi ngiyiqale ngaphi le ndaba nkosikazi.

MaMbatha : Baba khuluma noma okuyingqikithi sobe sesiyihlaziya sobabili.

Hlongwane : USthe bathi useyabonabona MaMthiya.

MaMbatha : Ngwane uqonde ukuthini? Angikuzwa mina.

Hlongwane : USthe wakho nkosikazi bathi naye useshaya amakhwela lapha endleleni.

MaMbatha : Baba noma ngingakuzwisisi kodwa angiliboni mina iphutha ngokushaya

ikhwela. Konke okungabafanyana lapha endaweni nokuncane okusafunda ezikoleni zamabanga aphansi kuyawashaya amakhwela uma kwelusa amazinyane.

Hlongwane : Ngiyabona ukuthi awungizwa ukuthi ngiqonde ukuthini.

33

MaMbatha : Qonda ngqo endabeni Hlongwane. Mina ngikwazi uyinsizwa engasabi

ukuhlala odabeni. Walingisa insizwa eshela intombi esaba ukuyitshela ukuthi iyayithanda, elokhu iginda ndawonye.

Hlongwane : MaMthiya mina uyangazi ukuthi angikaze ngibe insizwa esaba izintombi

nawe uyangazi ukuthi mhla sengikudinga ukuthi ube ngowami ngavele ngaqonda ngqo kuwe zonke izinsizwa zesigodi senu nenanizakhele kini zazilokhu zishaya uzamthilili. Nangesikhathi unginika ucu uyazi nawe ukuthi ngangiyinsizwa engamile ngonyawo olulodwa.

MaMbatha : Phela wena Ngwane ngakuzwela nje ngoba wabe usudabukisa. Mina uyazi

ukuthi zonke izinsizwa ezazisondela zithi zizidlisa satshanyana lapha kimi zazibuyela emuva sezikhophozela kuhle kwezinja zidle amaqanda. Ngangiphoxana kabi phela mina.

Hlongwane : Ngiyavumelana nawe kwelokuthi wawuyintombi engelula neze futhi

nezinsizwa zazisho kodwa kwelokuthi wangizwela angivumelani nalo. Phela mina mfokaNgwane ngangaziwa nasesikoleni ukuthi uma ngike ngasondela entombini angibuyi ngilambatha.

MaMbatha : Mhlawumbe wangishaya ngomathithibala Ngwane ngoba ngesikhathi ufika

kimi ngavele ngathamba. Wobonga wona. Ngaphandle kwawo kwakuzokubhedela nawe njengezinye izinsizwa baba.

Hlongwane : Kwakungewona umathithibala engakushaya ngawo nkosikazi. Uma

kungathiwa yiwo ngabe kusho ukuthi usegazini ngazalwa nawo.

MaMbatha : Ake sime ngamancoko Ngwane kesibuyele endabeni kaSthe. Awuhlale

odabeni ukuthi bathi wenzeni.

Hlongwane : USthe nkosikazi bathi useqonyiwe. Uyangizwisa kodwa imihlola yami

34

MaMthiya.

MaMbatha	:	Bayamsukela umntanami wazini ngalokho. Uyambona uSthe ukuthi
		akazingeni lezo zinto.
Hlongwane	:	Musa ukumphikela. Woza nendlebe mina ngize nendaba nkosikazi.
MaMbatha	:	Qhubeka usho ukuthi bamsukela bathini umntanami Ngwane.
Hlongwane	:	Ake siqondise le yokuthi uyasukelwa. Leyo sizoyiqinekisa uma sesazi
		ngakho konke okwenzekayo.
MaMbatha	:	Khuluma ngilalele baba. Bathi useqonywe ngubani u-*Boy* wami?
Hlongwane	:	Bathi uqonywe ingane kaMaDlamini noDube.
MaMbatha	:	Bathi ubani igama laleyo ntombazane baba?
Hlongwane	:	Wabe usuthi intombazane kusho ukuthi unolwazi nkosikazi. Wazi kanjani
		ukuthi intombazane ngoba bengithe ingane mina? Wena ulithathaphi
		elokuthi intombazane?
MaMbatha	:	Cha phela baba abantu ababa sebudlelwaneni bothando kuba umfana
		nentombazane. Yingakho nami ngithe intombazane.
Hlongwane	:	Ngiyasola ukuthi unolwazi ngale ndaba umane ucasha ngesithupha
		MaShandu. Phela wazi kahle ukuthi esikhathini sanamuhla abantu bobulili
		obufanayo bayathandana begcine belobolana beganana.
MaMbatha	:	Ngiyavumelana nawe baba. Manje wena ubona ukuthi noSthe kungenzeka
		yini mhla esefike esikhathini sokuthi abe sebudlelwaneni abe kuleyo nhlobo
		yobudlelwano.
Hlongwane	:	MaShandu isiLungu sithi "*Never say never.*"

35

MaMbatha	:	Woza nendaba ngilalele Ngwane.
Hlongwane	:	USthe bathi uthandana noZethu nkosikazi.
MaMbatha	:	Cha, angivumelani nakho impela lokho Baba. Cishe abantu lokhu benomona wokuthi le ntombazane kaMaDlamini noDube izimisele esikoleni njengoSthe kanti futhi sihamba nayo noma siya enkonzweni nomama wayo uMaDlamini.
Hlongwane	:	Asingaqali siziphikela kakhulu izingane nkosikazi. Ake imbiwe le ndaba kuze kutholakale iqiniso. Ngoba ngathi lolu daba seluhambe kwaze kwamoshakala.
MaMbatha	:	Abantu bale ndawo bahlulwa ukukhulisa izingane zabo lezi ezihlalele ukudla iwunga. Sebefuna ukuthela ngodaka lezi zombili ngoba nakhu befuna zaziwe kabi lapha endaweni.
Hlongwane	:	MaMthiya ngithe kuwe ngoba sengathi lezi zingane sezize zamosha kumele lusukunyelwe lolu daba. Uma kungukuthi lolu daba luyiqiniso uzongifunda angiqonde lo mfana.
MaMbatha	:	Baba kwangathi indaba inkulu. Yini manje esekuthiwa isize yamoshwa yilezi zingane? Abantu uyababulala umona phela lezi zingane angikungabazi nakancane ukuthi ziya enyuvesi zombili ngonyaka ozayo.
Hlongwane	:	Inja yakwakho bathi isize yadla ngisho namaqanda kwaDube.
MaMbatha	:	Wakhuluma ngenja manje baba ngoba layikhaya izinja zethu aziphumi futhi sibiye kahle. Kanti futhi ingenaphi indaba yezinja ngoba sikhuluma ngoSthe noZethu kulolu daba Ngwane?
Hlongwane	:	MaShandu kusho ukuthi usuwababa umlungu awusazi ukuthi uma kuthiwa

36

'inja idle amaqanda lokho kusho ukuthini.'

MaMbatha : Baba phela nawe awuqondisanga. Mina ngisuke nganganaka ukuthi

uyacikoza phela mina ngivele lokhu kucikoza kwakho ngangakubuka ngeso lokucikoza.

Hlongwane : Kunjalo ngoba sengishilo nkosikazi. Lena sekuyindaba

engundabamlonyeni lapha endaweni. Ngiyaxakeka ukuthi awukayizwa kanjani ngoba phela nina bantu besifazane isikhathi esiningi niba ngabantu bokuqala ukuzwa izindaba.

MaMbatha : Khona uqinisile baba. Lolu daba bese ngike ngaluzwa kodwa

ngangalunaka ngoba phela nawe uyabazi abantu balapha Ekuvukeni ukuthi bathanda kanjani ukukhuluma izinto ezingekho.

Hlongwane : Khona kuyenzeka nkosikazi abantu bakhulume izinto ezingekho kodwa

le ndaba ibukeka ivuthwa. UZethu ngoba nike niye naye esontweni wagcina nini ukumbona?

MaMbatha : Sekungamasonto ambalwa ngamgcina Ngwane.

Hlongwane : Uyabona-ke ukuthi kungenzeka ukuthi abazali bakhe bambalekisela lona

lolu daba ngoba engasayi nasesontweni? Kungenzeka ukuthi abafuni abonwe abantu.

MaMbatha : Kungenzeka baba ukuthi kunemisebenzi ethile yasekhaya embambayo

asuke eyenza noma usuke evakashile.

Hlongwane : MaMthiya musa ukuzivikela kangaka lezi zingane inkulumo yakho

ngiyayizwa mina igcwele ukuzifukamela okungenza kugcine kudala inkinga. UDube nawe uyamazi ukuthi uyindoda enjani. Uma kungathiwa iyiqiniso singambhekelwa ngubani? Lo mfana ngabe ungiphoxe kakhulu

37

ngihlonishwa kangaka kule ndawo. Ngimfundisa edolobheni eMnambithi ngikhokha izimali ezishisiwe kodwa yena angakwenza kanjani ukunglhlinzela ezibini?

MaMbatha : Angizivikeli baba, ukuthi kubalulekile ukuthi izinto uzibheke macala onke.

Hlongwane : Lo mfana uzoke achaze kahle uma ebuya esikoleni. Akukwazi ukuthi

izinkunzi ezimbili zihlale esibayeni esisodwa. Uma eseyinkunzi naye kuzomele athole esakhe isibaya. Akukho sibaya esisodwa sakhonywa yizinkunzi ezimbili.

MaMbatha : Baba ngicela uyeke mina ngilusingathe lolu daba. Phela wena kungenzeka

uthathe ngamawala mhlawumbe bese konakala izinto eziningi.

Hlongwane : MaMthiya luyeke kimi lolu daba ngoba ngiyazi ukuthi nina bantu

besifazane izingane nibuye nithande ukuzivuna noma isidingo singekho. Myekele lapha kimi lo mfana uzongibona kahle namhlanje ukuthi ngingubani. Mina 'nginguZikhali ezingalingani nezamaxhegwana; uSangwelibanzi elingawelwa abantukazana ngoba livalwe ngezihlangu zamadoda.'

MaMbatha : Ngwane ngiyacela ukuthi umntwana ukhulume kahle naye uma efika nami

ngicela ukuthi ngibe khona. Uma kungathiwa lezi zingane sezithandane zaze zamithasana ngabe zenze iphutha elikhulu. Ngabe noma bekuthiwa ziyathandana besezihlulwa yini ukulinda ngoba unyaka usuyaphela bese zibonana e-*tertiary*.

Hlongwane : Nkosikazi luyeke nami lolu daba ngizolulungisa. (*Uthe esaqedela*

ukukhuluma uHlongwane wabe engqongqoza uSthe emnyango.)

38

Isigcawu Sesithathu

(UMaDlamini usesibhedlela esizimele eMnambithi e-La Verna lapho ehambise khona uZethu.)

MaDlamini : Sawubona nesi.

Jessica : Yebo sawubona MaDlamini.

MaDlamini : Niyaphila kodwa nesi?

Jessica : Yebo siyaphila. Singezwa kini.

MaDlamini : Siyaphila nathi okungatheni.

Jessica : Namhlanje uphelezelwa nayintokazi yakwakho ukuza lapha emtholampilo.

MaDlamini : Yebo nesi. Namhlanje ithe ayihambe nomama izokwazi ukuhamba incela

kahle lapha endleleni.

Jessica : Kuncele intombi engaka!

MaDlamini : Yebo ukuncela phela akupheli nesi ukuthi nje kunezigaba zakhona.

Jessica : Khona kunjalo uqinisile MaDlamini.

MaDlamini : Umuntu phela eqinisweni uncela aze alifulathele elakwaMthaniya.

Jessica : Pho, manje esikoleni yini akufundwa yini namhlanje?

MaDlamini : Wabuza umbuzo omuhle nesi?

Jessica : Ngilindele impendulo.

MaDlamini : Kuyafundwa nesi.

Jessica : Intombi yakwakho kubukeka ihlezi kamnandi ikhululekile kwazise

mhlazana ngigcina ukuhlangana nayo ezinyangeni ezimbalwa ezedlule

yayingakhuluphele kangaka.

39

MaDlamini : Eqinisweni nesi yikhona kukhuluphala kwentombi yakwami lokhu

okusiletha lapha emtholampilo.

Jessica : Manje ikuphi pho inkinga ngoba ukukhuluphala kukaZethu

angikuboni kukhombisa izimpawu zokugula futhi intombi isulekile

nasebusweni ngathi igeza ngobisi igcobe ngerama. *(Esho unesi embheka*

ngqo uZethu. Ukhuluma kanjena nje unesi uyabhuqa uyabona naye ukuthi

khona okushaya amanzi lapha kuZethu.)

MaDlamini : Phela uZethu sinobaba wakhe sithe ake ezohlola isimo sakhe ngoba siyasola

ukuthi kulokhu kukhuluphala kwakhe kungenzeka ukuthi akaseyedwa.

Jessica : Yini ubona ukuthi ngabe unobani MaDlamini?

MaDlamini : Uma nje ngibeka ngokuqondile siyasola nobaba wakhe ukuthi uzithwele.

Jessica : Ngabe wenze iphutha elikhulu uZethu eseyibambe kahle kangaka bese

ezoyimosha ekugcineni sekusele izinyanga ezingaphansi kwezinhlanu

kuphele unyaka wakhe webanga leshumi.

MaDlamini : Khona ngabe yishwa elikhulu nesi.

Jessica : Ngizothanda ukwehluka kancane kweleshwa MaDlamini. Phela ingane

iyisibusiso esivela kuNkulunkulu kanti futhi izingane zethu ziyadinga

ukwesekelwa yithina bazali ngaso sonke isikhathi. Kuyinto esingeke

sayibalekela singabazali ukuthi kuyenzeka izingane zethu zithathe

izinqumo esingahambisani nazo futhi eziphazamisa ikusasa lazo.

MaDlamini : Khona uqinisile nesi ingane iyisibusiso esivela kumdali. UZethu uma

kungathiwa ukhulelwe ngempela ngabe uziphoxile, usiphoxile nobaba

wakhe, uphoxe ibandla kanye nezingane zamantombazane zesikole sakhe.

Jessica : UZethu ake asondele ngizobhalisa imininingwane yakhe ekhadini bese

40

ezohlolwa ukuthi ngabe ukhulelwe yini noma cha. Sizosase sesihlola nezinye izifo kuye kwazise uma ukhulelwe kubaluleke kakhulu ukuthi wazi ngaso sonke isimo sakho sempilo ukuze kungabi bikho okuphazamisa ukukhula kahle komntwana.

MaDlamini   :   Sondela kunesi Zethu.

Zethu   :   Yebo Mama.

Jessica   :   Nginikeze imininingwane yakho ephelele bese udlulela kuloya mnyango

ongasesandleni sokudla wesibili ilapho abazokuhlola khona.

MaDlamini   :   Sheshisa Zethu wase unwabuluka ukusondela kunesi. (*Esho ngesankahlu.*)

Jessica   :   Ngicela wehlise umoya MaDlamini.

MaDlamini   :   Kulungile nesi ukuthi nje angazi ibandla nomfundisi ngiyobabhekelwa

ubani uma uZethu ekhulelwe ngempela.

Jessica   :   Abebandla nomfundisi kuzohamba kuhambe isikhathi bamxolele kwazise

ngokwebhayibheli 'Asikho isono esingenantethelelo, kanti uMdali uyasho ukuthi wozani kimi nina enisindwayo nemithwalo yenu mina ngizonethula yona."

MaDlamini   :   Amazwi akho angenza ngiduduzeke nesi. Phela abanye abantu

basemabandleni uma kukhona umzalwane oshelelile babe sebengena ngenxeba sebegxila kulelo phutha lakhe kanti awabo ayesabeka.

Jessica   :   Khona kunjalo MaDlamini abanye abantu bayathanda ukusizakala

ngomunye umuntu. Usungathatha ikhadi lakho Zethu uye kuloya mnyango engithe iya kuwo.

Zethu   :   Yebo kulungile sengiya khona nesi. (*Abe ethatha ikhadi eyongena emnyango wesibili esandleni sokudla lapho unesi athe akayongena khona.)*

MaDlamini : (*Usalinde uZethu uyaqhubeka uyaxoxa nonesi.)* Ngabe nesi kwenziwa yini

izingane zethu zisiphoxe kangaka kula malanga? Izingane zike ziphoxe

ngaphezu kokuba zenzelwa yonke into.

Jessica : Ungasho uliphinde ntombi kaSibalukhulu. Izingane zethu zivele

zikuqhamukele nezinto ezizokumangaza obungazilendele nhlobo.

MaDlamini : Thina sikhula yayingekho yonke lento. Sasibahlonipha abazali bethu. Mina

nje uyise kaZethu wangithola ngiyintombi nto. Ngisho ukwenza izinto

zabantu abadala sakuqala sesishadile. Sasiyihlonipha thina imiyalo yabazali

kanjalo nemizimba yethu.

Jessica : Phela MaDlamini ukube izingane zethu zisaziphatha ngendlela

esasiziphatha ngayo ngabe kukhulu ezikuzuzayo. Ukube nje zigxile

emfundweni ngoba amathuba emfundo asevuleleke kakhulu manje.

Uhulumeni nje kunezikole azixhasayo nokuthi zingakhokhi kanti ngisho

nasemanyuvesi sekuyangeneka kalula uma ungumuntu omnyama uma nje

uphase wathola ama-*points* abawafunayo. Thina ngezikhathi zethu

kwakunzima kabi ngisho nendaba ye-*bursary* kwakunzima kabi ukuyithola

uma ungumuntu omnyama. Mina nje ngoba ngaba nenhlanhla yokuthathwa

enyuvesi ngiyofundela izifundo zami zobuhlengikazi ubaba wayedayisa

izinkomo zakhe ukungikhokhela imali yokufunda enyuvesi, eyendawo

yokuhlala, eyezincwadi kanye neyokudla. Namhlanje kuno-*NSFAS*

namanye ama-*bursaries* akusizayo uthole zonke izidingo zasenyuvesi.

Okudingeka kuwe nje ukuziphatha kahle bese uyafunda uphase. Mina nje

ngangifuna ukuba udokotela MaDlamini kodwa ngenxa yokuthi

ngezikhathi zobandlululo kwakungelula ukungena enyuvesi ufundele

ubudokotela uma ungumuntu omnyama yingakho ngagcina ngenza i-

nursing. Ukube uyakwazi ukubuyisela iminyaka emuva ngabe

42

ngiyayibuyisela ngibe umfundi walesi sikhathi samanje esinamathuba angaka okufunda.

MaDlamini : Ungasho uliphinde lelo nesi. Phela amathuba emfundo axhaphakile

esikhathini samanje. Akusafani nangesikhathi sethu. Nami nje nganginguthisha ofunde ekolishi ngoba kwakungelula ngesikhathi sobandlululo ukufundela ubuthisha enyuvesi uma ungumuntu omnyama. Namhlanje ezinganeni zethu sekulula ukuthi ziyofundela ubuthisha ngisho emanyuvesi ayethathwa njengawabantu abamhlophe. (*Esakhuluma uMaDlamini kwaqhamuka uZethu ekhala echiphiza izinyembezi.*)

Jessica : Woza ngapha zethu uzosho ukuthi yini lena esikukhalisa kangaka. Ubani

lona oshaya wena? Lowo udinga ukuyolala ebaliwe oshaya wena intombi kaMaDlamini enhle kangaka. Wena akukufanele neze ukukhala. Abantu abahle njengawe bafanelwe ukumamatheka ngaso sonke isikhathi. Woza ngapha ngizoshayela abomthetho ucingo ngisho ukuthi khona abakushayayo lapha emtholampilo. (*Esho ngokubhuqa uJessica. Uyasola ukuthi maningi amathuba okuthi uZethu ukhaliswa ukuthi ukhulelwe.*)

MaDlamini : Zethu mntanami. Khuluma sekwenzenjani usukhala kangaka ndodakazi.

Tshela umama wakho azoke eyombuza ukuthi ukusuka ngaphi lona okhalisa wena.

Zethu : Nesi nawe mama akekho ongishayile.

Jessica : Pho ukhalelani Zethu?

MaDlamini : Khuluma usheshise Zethu sizwe sekwenzenjani.

Zethu : Ngishaywe lizwe nesi nawe mama. (*Esho esikhihla isililo.*)

Jessica : Thula sondela lapha ungabe usakhala Zethu. Likushaya kanjani izwe Zethu?

MaDlamini : Khuluma uqondise sizwe ukuthi kwenzakaleni ndodakazi.

Zethu	:	Lingishaya nje yingoba ngilonile.
Jessica	:	Ulone ngani izwe Zethu? Ngicela ungene ngaphakathi sikhulume nawe

sobabili ehhovisi lami. Ngicela usinike imizuzwana MaDlamini noZethu. (*Nangempela bangene ehhovisi.*)

MaDlamini	:	Kulungile nesi ningangena ehhovisi nixoxe noZethu.
Jessica	:	Ngicela ulethe ikhadi ngibone Zethu. (*Abe elithatha elifunda. Ngaleso*

sikhathi uZethu uyaqhubeka uyakhala.)

Zethu	:	Kulungile nali ne....si. (*Ebe esiqhumisa isililo.*)
Jessica	:	Sengilifundile ikhadi Zethu. Manje ngiyabona ekhadini ukuthi libhalwe

ukuthi ukhulelwe nezinyanga seziyisikhombisa. Ngicela uthule ungabe usakhala ngoba lokho ngeke kusashintsha lutho kulokhu esekwenzekile. Okwakumele ukwenze kwakumele uthi uma ubona ukuthi weqiwe yisikhathi sakho sokuya esikhathini wazise umama wakho akuphuthumise lapha emtholampilo noma kudokotela noma esibhedlela kodwa namanje ayikho inkinga. Njengamanje kuzomele uzame ukwamukela isimo ngendlela esiyiso uzame ukuqhubekela phambili nempilo. Mina ngizokhuluma nomama wakho bese yena ekhuluma nobaba wakho bese bona udaba beyolidlulisela esikoleni. Esikoleni kumele bakwamukele uqhubeke ufunde ngoba awukho umthetho othi ingane yentombazane ekhulelwe kumele iyekiswe isikole. Kodwa kuzomele wazi ukuthi umuntu okhulelwe ziningi izingqinamba abhekana nazo kodwa okuba yilezo nyangana ezimbalwa. Ukukhulelwa akusho ukuthi sekumele ulahlwe. Umuntu akalahlwa kanti futhi sonke singabantu siyawenza amaphutha.

Zethu	:	Ngiyabonga nesi amazwi akho ayangiqinisa. Bengisathi uzongahlulela.

(*Abe esula izinyembezi.*)

Jessica	:	Lokho bengingeke ngikwenze ngoba ngikholelwa ekutheni umuntu

onamandla okwehlulela abantu uMdali. Kuzomele sihambe siye kumama wakho ngizokhuluma mina naye.

Zethu	:	Ngiyezwa nesi. Ngimphoxile umama. Angazi ukuthi ngizombhekelwa ngubani.

Jessica	:	Qina ntombazane kuzolunga. Lixhoshwa libhekile. *(Bebe bephuma belandelana ehhovisi likanesi beya kuMaDlamini. Unesi uhamba phambili, uZethu ulandela ngemuva.)*

MaDlamini	:	Nabuya senilandelana nesi, yini sekwenzenjani?

Jessica	:	Akukho lutho ntombi yaseSwazini.

MaDlamini	:	Ngicela ningazise ukuthi imiphumela kaZethu ihambe kanjani mayelana nokuhlolwa ukuthi ukhulelwe noma cha.

Jessica	:	Imiphumela ikhona ubuye nayo uZethu. Bamhlolile ukuthi ukhulelwe yini base benza konke obekufanele bakwenze. UZethu bamhlolile zonke izifo kwatholakala ukuthi konke kuhamba kahle.

MaDlamini	:	Ngiyakuzwa nesi ukuthi bamhlolile izifo kwatholakala ukuthi kuhamba kahle. Ngicela ukuzwa ngenqgikithi esilethe lapha.

Jessica	:	MaDlamini ngiyethemba njengoba nje ungumuntu wenkonzo uyakholelwa ekutheni umuntu osuke onile uyadinga ukuthethelelwa njengoba nathi uma sithandaza sisho ubaba wethu osezulwini kukhona lapho sithi khona "Baba sicela usithethelele izono zethu njengoba nathi sibathethelela abasonayo thina."

MaDlamini	:	Ngiyakuzwa nesi kodwa angikaphenduleki. Ngicela uhlale ephuzwini.

45

Kunjalo njengoba usho sonke siyizoni phambi kwamehlo kaMdali yingakho kumele sibuye sicele intethelelo.

Jessica : Kuhle ngoba ngiyabona ukuthi siyavumelana MaDlamini. Imiphumela kaZethu ngiyibonile ehhovisi sibe sesibonisana ngayo naye. Ngizocela yona uyamukele noma ingezukukuphatha kahle, ngicabanga ukuthi uZethu ukudinga kakhulu njengamanje.

MaDlamini : UZethu ngihlezi ngimesekela nesi angikaze ngingameseki nangelilodwa

ilanga, wazi kahle. Ngicela ungicacisele ukuthi kuhamba kanjani. (*UMaDlamini abheke uZethu bese uZethu ekhophozela ebheka phansi.*)

Jessica : MaDlamini ngithe ngalifunda ikhadi ngangakuqonda kahle okubhalwe

kulo. Ngibe sengithatha isinqumo sokuthi ngilifunde kathathu ukuze ngiliqonde kahle. Yilapho ngibe sengibona khona ukuthi lokhu obekusolwa ngentombi yakwakho kuyikhona.

MaDlamini : Ukhulelwe Zethu?

Zethu : (*Athule abheke phansi angaphenduli.*)

Jessica : Njengoba bengicelile MaDlamini, ngicela umeseke uZethu. Lo mbuzo

owubuzayo unayo impendulo oyidingayo. Ngicela nithi ukuxoxa kancane ngiyabuya manje. (Ebe engena ehhovisi unesi.)

MaDlamini : Waze wangiphoxa mntanami bengikwethemba. Hlazo lini leli ongifaka

kulo? Ungenzani kodwa Zethu?

Zethu : Ngiyaxolisa mama. Ngicela uxolo ngokukuphoxa.

MaDlamini : Yeka ukukwethemba kwami okungaka mntanami. Baqinisile uma bethi

kungcono ukwethemba itshe kunokwethemba umuntu.

46

Zethu	:	Ngiyisoni ngiyavuma mama kepha ngiyakwethembisa ukuthi ngizovuka
		ngizithathe.
MaDlamini	:	Ngicela ucele unesi asondele kancane ngibonge sizohamba. Le ndaba
		angazi ngizoyiqala ngaphi kubaba wakho. Angikholwa namanje. Lolu daba
		kuzomele ulichaze wena kubaba wakho.
Zethu	:	(*Ahambe ayobiza unesi, abuye esebuya naye.*)
Jessica	:	Yebo ntombi kaSibalukhulu, nangu uZethu ethi uyangicela.
MaDlamini	:	Yebo ucelwa yimina nesi bengithi angibonge ngosizo, ngesineke kanye
		nangamazwi akho akhaliphile.
Jessica	:	Ngiyabonga uma nisizakele. Phela lowo ngumsebenzi wami njengonesi
		wokuqinisekisa ukuthi abantu uma beze lapha emtholampilo bahamba
		besizakele sebebuyelwe nayithemba.
MaDlamini	:	Usale kahle nesi. Okuningi sesokukhuluma ekhaya.
Jessica	:	Nihambe kahle MaDlamini. Uma kukhona usizo oluthile eniludingayo
		niyazi ngitholakala kuphi futhi kanjani.

(*Babe bephuma emtholampilo oMaDlamini noZethu belandelana.*)

Isigcawu Sesine

(*UThembi umngani kaZethu ufika kubo kaZethu emuva kokuthi ebone uZethu engafiki esikoleni uzozwa ukuthi inkinga kube yini. KwaDube bezwa umuntu ongqongqozayo emnyango bamvulela wafika wabingelela ngoba wayezobona umngani wakhe babadedela bangena ekameleni bayokhuluma ezabo.*)

Thembi   :   Mngani wami ngithuke kabi ngingakuboni esikoleni namhlanje. Ngicela

ungiphuthume ungazise ukuthi bekwenzenjani? Ngikwazi kahle wena mngani ukuthi awusiye umuntu ovele alove kungenzeke lutho.

Zethu   :   Kube nesimo esiphuthumayo mngani. Ngiyaxolisa ngokuthi angizange

ngisathola nethuba lokuthi ngikushayele ucingo.

Thembi   :   Ngiyakuzwa mngani ukuthi bekunesimo esiphuthumayo esenze wangeza

esikoleni. Ngifisa ukwazi ukuthi isiphi leso simo ebesiphuthuma esenze wangangazisa ngaso kwazise awukaze ungangithinti uma kukhona okukubambayo ukuthi ungayi esikoleni?

Zethu   :   Ngivuke ngingazizwa kahle namhlanje ekuseni umama nobaba base

bevumelana ngokuthi angingayi esikoleni kodwa angiye emtholampilo.

Thembi   :   Ngabe ubuphethwe yini mngani ngoba phela wena awuyena umuntu

ojwayele ukugula. (*Ebe embheka ngqo emehlweni uZethu.*)

Zethu   :   Bengiphethwe yikhanda mngani belisho ukungibulala. Ngisho ukusa

kwanamhlanje angilalanga. Umama wangizama ngamaphilisi athile kepha abelidambisa kancane bese liphinde liqale phansi. (*Ebe encisha umngani wakhe uThembi amehlo.*)

Thembi   :   Ngiyakuzwa mngani kodwa angazi yini kodwa kukhona okuthi

angingakukholwa. Ngiyacela ungenze ngikukholwe okushoyo mngani.

Zethu	:	Angazi mngani kwenziwa yini ungangikholwa ngoba yikhona lokhu engikutshela khona. Yini indaba ngathi khona okwaziyo engingakwazi mayelana nokungaphumeleli kwami ukuya esikoleni mngani?

Zethu : Angazi mngani kwenziwa yini ungangikholwa ngoba yikhona lokhu

engikutshela khona. Yini indaba ngathi khona okwaziyo engingakwazi

mayelana nokungaphumeleli kwami ukuya esikoleni mngani?

Thembi : Cha, akukho engikwaziyo ongakwazi mngani ukuthi nawe uyazi ukuthi

ngiyakwazi ukukubona uma kukhona ukukhuluma okuqhelelene neqiniso.

Zethu : Wena mngani ngiyakubona ukuthi ngathi khona okuzwile. Ngitshele

mngani ngiyazi phela wena ungumngani wami weqiniso angeke ungifihlele

lutho.

Thembi : Khona mngani kukhona udatshana oluthile olukhulunywa emakhoneni

esikoleni futhi abafundi abaningi abalukhulumayo abekilasi lenu.

Zethu : Yiluphi lolo daba mngani ngiphuthume ngalo? Bengazi ukuthi wena

mngani angeke ungilahle. (*Ebe emamatheka.*)

Thembi : Uyadinga ngempela ukuba ngikwazise lona lolo daba

olungandabamlonyeni?

Zethu : Yebo mngani.

Thembi : Kulungile ngizokwazisa lona khona manje kodwa uma wena usungazisile

okuyiqiniso obuyokwenza emtholampilo.

Zethu : Sengikwazisile nje okuyikhona ebengiyokwenza mngani. Kuliqiniso lokhu

engikushilo. (*Ebe ephinda ekhophozela.*)

Thembi : Uma kungukuthi kuyiqiniso obukusho mngani lokho kuzobe kusho ukuthi

bengidlala ukuthi kunodaba olumayelana nawe elingundabamlonyeni

esikoleni.

49

Zethu	:	Ngiyabona mngani ukuthi usudlala ngami manje, wena mngani awuvele ukhulume into uyisusela emoyeni.
Thembi	:	Namhlanje nakhu kwenzekile mngani. Abaziyo bathi okungasoze kwashintsha ukuthi izinto zizohlezi zishintsha.
Zethu	:	Ngiyakucela mngani woza phela nodaba. Kusasa yimina ozukuthengela ilantshi.
Thembi	:	Usuzama ukungithenga manje mngani. Ungangithengela ilantshi uma unawo amandla kodwa hhayi ngokuthi ngize ngikhulume amampunge.
Zethu	:	Awu mngani wami usuyangilahla. Sengilahlwa nanguwe.
Thembi	:	Angikulahli. Bamba lelo lokuthi akukho lutho bengizincokolela. Uma ngingasancokoli nawe ngizoncokola nobani? Ngicela ungikhiphe mngani bekumnandi ukuba nawe, ikakhulukazi ngoba angikwazanga ukuba nawe namhlanje esikoleni kodwa ungakhohlwa ukuthi ayinuki ingosiwanga.
Zethu	:	Musa ukuyenza lento ofuna ukuyenza mngani awuphumi layikhaya ungangazisanga ukuthi uzweni.
Thembi	:	Kulungile mngani kodwa asenze isivumelwano. Ngabe uyavuma ukuba senze isivumelwano?
Zethu	:	Asisenze isivumelwano. *As long as* uzogcina ungitshelile lokho okumele ungitshele khona.
Thembi	:	Kuhle ukuthi siyavumelana ekwenzeni isivumelwano. Isivumelwano sizoma kanje, uyangazisa ukuthi ubuyokwenzani emtholampilo bese nami ngiyakwazisa ukuthi yiluphi udaba ongundabamlonyeni ngalo mngani.

50

Zethu	:	Mngani mina ngikhulumile nje okuyikhona okungise emtholampilo.
Thembi	:	Uyabona manje usuyaziphikisa, sivumelene ngokuthi sizokwenza isivumelwano, sasenza manje usuyasephula futhi.
Zethu	:	Cha angisephuli mngani.
Thembi	:	Kungcono asivele siluyeke lolu daba mina ngihambe iyobonana kusasa.
Zethu	:	Mngani ngicela ungithembise ukuthi lolu daba uzoligcina kuwe.
Thembi	:	Kulungile mina uyangazi ukuthi angiyena uMaNdaba futhi izindaba ezingangithinti angilokothi ngizikhulume.
Zethu	:	Ngiyakwazi mngani. Kulungile ake ngiluqale udaba mngani.
Thembi	:	Luqale mngani ungabe usapholisa maseko.
Zethu	:	Uyakhumbula mngani ngesikhathi ngibizwa uthisha uMnu. Mthethwa sikhuluma naye isikhathi eside?
Thembi	:	Yebo ngiyakhumbula mngani futhi waphuma naye wathi ubuya wabuya ungasemnandi ngathi ngiyakubuza ukuthi kwenzenjani wathi akulutho kodwa ngibona ukuthi ngathi kukhona okungakuphethe kahle.
Zethu	:	Ngalelo langa sasikhuluma naye ngodaba lolu obelungiyise emtholampilo futhi emuva kokukhuluma naye sabe sesidlulela ehhovisi likathishomkhulu.
Thembi	:	Mngani mina ngiyadideka ukuthi udaba lolu owawulukhuluma noMnu. Mthethwa luhlangana kanjani nokuthi ubungekho esikoleni namhlanje ngoba ubuye emtholampilo.
Zethu	:	Lolu daba luyangisinda, angazi ngiliqale ngakuphi mngani. (*Ebe echiphiza izinyembezi.*)

Thembi : Musa ukukhala. Angiqondile ukukuphatha kabi, uma kuwudaba

olukuphatha kabi asibuye siludingide. (Ebe esondela eduze kakhulu kuZethu emduduza.)

Zethu : Ngaze ngaziyala. Ukungazi kufana nokungaboni bengingazi ukuthi imina

lo ongagcina esekulesi simo. Kulukhuni ezweni. Waze wangiyala Sthe mfana wabantu. (*Zibe zehla kakhulu izinyembezi.*)

Thembi : Mngani ungakhathazeki, mina uyazi ukuthi ngikhona futhi ngiyohlezi

ngikhona *for* wena. Noma yinini uma ungidinga. Phela wena mngani ngazi kahle selokhu ngaqala kwa-*grade 6* ungisiza kabi ezifundweni zami. Mhlawumbe ngaphandle kwakho ngabe angikho kwa-*grade 12*. Ngathi noma ngizwe kunzima kwa-*grade 9* ngithi ngifuna ukuthatha izifundo ze-*social science* kwa-*grade 10* kodwa wangiyala wathi angithathe eze-*science* sizosizana futhi ngoba unesifiso sokuthi ube udokotela, ungathanda uma nami ngingaba udokotela sisebenze ndawonye. Ngakho-ke ngingakulahla kanjani. Kuyimanje ngibalwa nabanye abafundi abahamba phambili esikoleni ngenxa yakho.

Zethu : Ngiyabonga ngokuthi okuhle engikwenzayo kukhona umuntu okwazi

ukukusho ngisaphila. Phela abantu abaningi bakholelwa ukuthi umuntu ubongwa eselifulathele elakwaMthaniya. Kodwa phela wena mngami ukuba khona kwakho kuwusizo olukhulu empilweni yami, ngaso sonke isikhathi uhlezi ufisa sihlezi senza okuhle. Buka nje kumanje wena awukaze ulale nomuntu wesilisa, futhi uhlezi uzimisele ngekusasa eliqhakazile. Kodwa wangiyala mngani ngokuthandana kwami noSthe ngangakulalela. Buka manje kunjani?

Thembi : Mngani kanti ukuthandana kwenu noSthe sekukufake enkingeni yini?

Ungakhohlwa mngani ukuthi ngesikhathi ngizama ukukwehlukanisa naye yingoba ngangibona ukuthi kungenzeka ugcine uphazamiseka ezifundweni

52

zakho kodwa wathi angeke uphazanyiswe yilutho ngoba anilali nigcina ngokubonana esikoleni futhi okuningi kugxile emsebenzini wesikole.

Zethu : Ukuthandana kwami noSthe yikhona okwangiholela ekutheni ngibizwe uMnu. Mthethwa futhi sigcina siye nakuthishomkhulu. Yikhona futhi okwenze ngangaya esikoleni namhlanje. Yikho futhi okwenza ekhaya ngingahoshelani kahle *with my parents*. (*Ebe echiphiza izinyembezi futhi.*)

Thembi : Mngani usuthanda ukungidida manje kanti uthando lwenu noSthe selukufake enkingeni yini? Kuzwakala sengathi lolu thando lwenu selukuqhathe nabazali bakho.

Zethu : Selingifake kwenkulu inkinga. Phela ngelinye lamalanga abazali bakaSthe babengekho ngeqa ekhaya abazali belele ngahamba ngayobonana naye kubo amahora ambalwa ngaphinde ngabuyela ekhaya khona ebusuku omama nobaba bengakavuki.

Thembi : Kusho ukuthi mngani waphula izithembiso owazenza kimi ngoba wathi nizogcina ngokubonana esikoleni. Uma nibonana kukhona yini okuthile enakwenza?

Zethu : Yebo ngaphula esikhulu kakhulu isethembiso ngoba ngagcina sengimvumela nokuthi angene esibayeni sikababa.

Thembi : Hawu mngani! Nagcina senilala noSthe? (*Ebe ethwala izandla ekhanda ebabaza.*)

Zethu : Kunjalo mngani. Okubuhlungu kakhulu ukuthi asisebenzisanga ngisho nejazi lomkhenyana.

Thembi : Hayibo *my friend*! Ake ngithathe ngokuthi ngiyaphupha.

53

Zethu	:	Ngoba ngangikhuluma noMnu. Mthethwa wayesola khona ukuthi

ngizithwele. Nanamhlanje ngoba bengiye emtholampilo yingoba abazali bami bebesola khona sabe sesiya khona ngenhlanhla embi kwatholakala khona ukuthi ngikhulelwe. Ngibe sengihlola negazi ngenhlanhla kwatholakala ukuthi anginalo igciwane lesandulela ngculazi kodwa bathe kuzomele ngibuyele futhi ezinyangeni ezizayo ngiyolihlola.

Thembi	:	Kanjani mngani ngoba ngathi ngikubuza ukuthi yini ebeniyikhuluma

noMnu. Mthethwa wathi yinto encane engatheni, ngabuza ukuthi enjani into encane engatheni wagcina usungiziba?

Zethu	:	Manje besekufike sona isikhathi sokuthi ngikutshele iqiniso mngani.

Baqinisile uma bethi akukho qili lazikhotha emhlane. Nami manje selingishonele.

Thembi	:	Kuzolunga mngani njengamanje kuzomele wamukele isimo bese uqhubeka

nokusebenzela ikusasa kanye nesifiso sakho sokuba udokotela. Kuzomele uzinakekele. Ekufundeni sizoqhubeka sifunde, *we will make it* mngani.

Zethu	:	Ngezwa ngifikelwa lithemba uma ngikhuluma nawe, namanje usenguye

umngani wami. Bengithi uzongahlulela.

Thembi	:	Lokho angisoze ngakwenza mngani. Uyazi nawe ukuthi sonke ngoba

siphila ezweni siyona phambi kwamehlo kaMdali.

Zethu	:	Kuliqiniso, uma ungathi awunasono ngabe uyazikhohlisa. Ngiyabonga

mngani amazwi akho angibuyisela ithemba. Ngicela uhlale phezu kodaba lokuthi yikuphi lokhu obuthi sengingundabizekwayo ngakho esikoleni. *Please tell me* mngani angisakwazi ukulinda.

Thembi	:	Mngani yilo lolu daba.

54

Zethu	:	Luphi manje futhi udaba? Khuluma uqondise mngani. Imbuzi
		ayisukugudla iguma.
Thembi	:	Yilo lolu daba lokusolakala kwakho ukuthi uzithwele. Phela o-*classmates*
		bakho sekuyindaba yabo leyo.
Zethu	:	Yini bathi kwenzenjani? Kanti uMnu. Mthethwa wabaxoxela
		ngesasikuxoxa na?
Thembi	:	Cha, angiboni ukuthi wabaxoxela. Phela uMnu. Mthethwa akasiye
		uMaMgobhozi, umazi kahle.
Zethu	:	Kanti bezwe ngobani? Ngabe uthishomkhulu?
Thembi	:	Cha, akusiye uthishomkhulu kodwa bakhala ngokuthi kunezimpawu

ezikhombisa ukuthi ukhulelwe ezihlanganisa ukuthi uyakhuluphala kanti futhi usuke waphalaza kaningi. Okunye ukuthi bathi banokukuqaphela ukuthi usunama-*moods* into obungenayo, okunye ukuthi bathi usukhetha ukudla.

Zethu	:	Bayazithanda bo izindaba zabantu. Kanti bona uma beya esikoleni basuke
		beyobheka mina ukuthi ngenzani?
Thembi	:	Ungabanaki abantu bayohlezi bekhuluma. Ungakhohlwa ukuthi izinja

zikhonkotha imoto ehambayo. Asiqhubeke nokusebenzela ukufeza izifiso zethu mngani.

Zethu	:	Nangu-ke umngani wami engimaziyo angeke ngize ngibanake.
		Ngizoqhubeka nokuzimisela esikoleni mngani.
Thembi	:	Kulungile mngani angeke saziqeda zonke. Asehlukane, sizobonana

kusasa.

Zethu   :   Asambe mngani ngikuphelezele. Ayibonane kusasa. Uhambe kahle!

Thembi   :   Usale kahle mngani. Ungacabangi kakhulu. Uma kukhona odinga usizo

                    kukho ungishayele ucingo uyazi ukuthi ngiyatholakala noma yinini uma

                    ungifuna.

(Babe sebehlukana uThembi noZethu bevumelana ngokuthi bazobonana esikoleni.)

Isigcawu Sesihlanu

(*Uthishomkhulu uMnu. Dladla ukhuluma nothisha kaZethu uMnu. Mthethwa kanye nosihlalo webhodi elilawula isikole uMnu. Ngwenya mayelana nesimo sikaZethu. Bakhuluma nje basesikoleni sabo eMnambithi i-Harvest High.*)

Mnu. Dladla   :   (*Uthishomkhulu kaZethu.*) Ake ngiqale ngokunibingelela ngabe niyaphila

                      Banumzane?

Bobabili   :   (*Bavume bobabili oMthethwa noNgwenya bethi "Yebo siyaphila*

                      thishomkhulu.")

Mnu. Dladla :   Kunodatshana lapha enginibizele lona. Ningamangali ngoba ngibe

                      senginithathela phezulu. Lokho kudalwe yikho ukuthi isikhathi asikho. UNyambose bese sike sathi ukuluthinta naye.

Mnu. Mthethwa: Ungaqhubeka uthi ukwendlalela thishomkhulu. Ngingaze ngivume kanti

                      mina ngicabanga olunye udaba.

Mnu. Ngwenya: Ungeza nendaba indlebe ingeyakho MfokaMgabadeli. Noma luthanda

                      ukungethusa lolu daba uma uthi luyaphuthuma.

Mnu. Dladla :   Khululeka Bambo lunye alwethusi. Lolu daba lumayelana nomunye

                      wabafundi balesi sikole osekilasini likaNyambose.

Mnu. Mthethwa: Ngabe usho uZethu Mgabadeli?

Mnu. Ngwenya: Yini sekwenzenjani bahlonishwa?

Mnu. Dladla :   Kunjalo mfokaNyambose. Lumayelana naye impela uZethu. Bengicela

                      wena Nyambose njengothisha kaZethu   wethule i-*theme* yodaba olumayelana naye ukuze sizoba ku- *same page* noBambo lunye.

Mnu. Mthethwa: Ake ngiqale ngibonge ithuba onginika lona thishomkhulu, ngizizwa

ngihloniphekile uma uthi lolu daba alwethulwe yimi. Lapha Bambo lunye sinenkinga yokuthi umfundi wami ogama lakhe kunguZethu Dube kunezinsolo eziningi ngaye ezikhombisa ukuthi uzithwele.

Mnu. Ngwenya: Iziphi lezo zinsolo? Ngabe zisondelene kangakanani neqiniso zona?

Mnu. Dladla :   Qhubeka Nyambose nodaba. Hlaza phezu kwalo ungabe usapholisa

maseko.

Mnu. Mthethwa: *On the past few weeks* Bambo lunye uZethu uyalala ekilasini, kanti futhi

useke waphalaza izikhawana kanti futhi usekhuluphele yena hhayi kancane. Okunye akehlukani ne-*jersey* noma likhipha umkhovu etsheni. Ngesikhathi sigcina ukubonana naye ngibonile ukuthi nasebusweni isikhanya mawala intokazi.

Mnu. Ngwenya: Kuyezwakala phela konke lokhu osukhulume ngakho kukhombisa

ngokusobala ukuthi ukhulelwe. Manje ngoba phela i-*policy* yesikole i-*clear* ekutheni umfundi okhulelwe kumele aye ngasekhaya aze abuye esefanelwe ukuba umfundi. Ngabe benisalindeni ningazithathi izinyathelo? Kungcono ukuba ningitshela ukuthi senimmisile. Lo mfundi uthela isikole ngehlazo.

Mnu. Dladla :   Ngicela ukuphendula Bambo lunye kweyokuthi yingani singammisanga.

Lokho kubangelwe ukuthi nathi besingakabi naso isiqiniseko. Kodwa samazisa ukuthi kumele abuye nomzali nencwadi kadokotela noma yasemtholampilo noma esibhedlela eshoyo ukuthi ukhulelwe noma cha. Ngamkhumbuza mayelana ne-*policy* yesikole ukuthi ithini ngomuntu okhulelwe. Kungcono ngoba nabazali bakhe bazi kahle.

Mnu. Mthethwa: Lunjalo-ke udaba Bambo lunye. Uthishomkhulu ngiyacabanga ukuthi lolu

daba ulusingathe kahle kakhulu.

Mnu. Ngwenya:	Kuyezwakala bahlonishwa. Manje nginombuzo owodwa lapha. Uma icwadi lena afika nayo ithi akakhulelwe kepha ebonakala ukuthi ukhulelwe ngoba nazo zonke izimpawu ziyakukhombisa lokho, kuzothathwa siphi isinqumo?
Mnu. Dladla :	Lokhu akuhluphi Bambo lunye, kuzomele basitshele iqiniso ngoba phela lapha sizosebenza, asizile ukuzodlala umacashelana.
Mnu. Mthethwa:	Kuyezwakala thishomkhulu. Ngesikhathi sikhuluma naye uZethu naye wawumbona ebusweni ukuthi ukhulelwe, kwase kushoda khona ukuthi avume nje ngokuqondile.
Mnu. Ngwenya:	Lapha kucaca ngokuphelele ukuthi uzithwele osekushoda ngendlela engibona ngayo ukuthatha isinqumo.
Mnu. Dladla :	Kulungile ngizocela ukuthi sihlanganeni kusasa ngo-*9am* ehhovisi lami banumzane.
Mnu. Mthethwa:	Kulungile thishomkhulu. Usale kahle, nami ake ngiyolungisela i-*period* elandelayo.
Mnu. Ngwenya:	Alikho elibi, asibonane kusasa bahlonishwa. Nisale kahle.

(*Babe sebehlukana uNgwenya ehamba eya ekhaya, uMthethwa ehamba eyolungiselela isifundo esilandelayo, uDladla esale elungiselela umhlangano wakhe olandelayo.*)

59

INKUNDLA YESITHATHU

Isigcawu Sokuqala

(Bathe befika ekhaya uMaDlamini wathatha ikhadi lasesibhedlela e-La Verna kuZethu wathi akahambe eyolungisa izingubo zesikole ngoba kusasa kumele bavuke baye kuthishomkhulu esikoleni. Yena uzochazela uDube ngokuthi bahambe kanjani.)

Dube : Ngiphuthume nkosikazi nihambe kanjani?

MaDlamini : Sihambile baba.

Dube : Awungiphenduli MaSibalukhulu. Ngicela ungiphe impendulo eqondile.

Ngabe esibhedlela e-*La Verna* bathe uZethu ukhulelwe noma cha?

MaDlamini : Sithe sifika esibhedlela baba safika sasizwa unesi igama lakhe

nguJessica. Sithe sifika sabingelelana sabe sesiyamazisa ukuthi size esibhedlela ukuzothola ngesimo sikaZethu. Nangempela umbhalele ikhadi wabe esethi uZethu akaye egunjini lapho kuhlolwa khona ukhulelwa kanye nokuhlola nezinye izifo.

Dube : MaSibalukhulu uZethu ukhulelwe noma akakhulelwe?

MaDlamini : Baba ngilinde ngiseza nodaba musa ukungijaha ekubeni ngisakuxoxela

ngakho konke okwenzekile.

Dube : Nkosikazi ulanda kude kakhulu. Mina ngicela ungiphendule umbuzo wami?

Uma kuwukuthi awuphumeleli ukungiphendula ungitshele.

MaDlamini : Baba ngicela uthathe nali ikhadi uzifundele wena ngoba awusanginiki

ithuba lokuthi ngichaze kahle.

Dube : Letha lapha ikhadi okungcono ngizifundele mina. *(Alithathe alibheke*

ikhadi akaboni nokuthi kubhalwe ukuthini ekhadini. Phela uDube akayanga
esikoleni akwaziyo nje zindaba zamatekisi.)

MaDlamini : Kubhalwe ukuthini lapho baba funda ungazise ukuthi kuthiwani.

Dube : MaDlamini musa ukudlala ngami. Unginika ikhadi ngamabomu ekubeni

wazi kahle ukuthi angikwazi ukufunda. Uthi angilenzeni MaDlamini?
Ngicela ungazise ukuthi batheni ngoZethu emtholampilo? Thatha nanti
ikhadi.

MaDlamini : Baba emtholampilo esikutholile yilokhu sobabili ebesingakulindele

ngendodakazi yethu. Baqinisile uma bethi lixhoshwa libhekile. Sobabili
siyamazi uZethu ukuthi ubeyintombazane eziphethe kahle kanjani Dube
elimthende.

Dube : Uqonde ukuthini MaDlamini? Phuma ezintangeni. Musa ukwethula

inkulumo engaqondile kahle. Ngabe uqonde ukuthi bathe uZethu
ukhulelwe? Angayenza kanjani kodwa into enjalo? (*Ebe enikina ikhanda.*)

MaDlamini : Akukho soka lingenasici baba. Asiyixolele indodakazi yethu, siyeluleke

bese siyeseka ngoba sekusondele nokuthi bayobhala izivivinyo zokuphela
konyaka, lokho kuzosiza ekutheni yenze kahle.

Dube : Ungiphoxile uZethu MaSibalukhulu. Kodwa ngayibona lento yale ngane

ihambe ibambana nabafana ezitaladini ukuthi izowuthola umvuzo. Umdobi
uyibambile inhlanzi enkulu. Angazi nokuthi ngizokhuluma ngithini nale
ngane. Uyamazi yena umfana okhulelise indodakazi yami?

MaDlamini : Yebo, umfana ozilungele kabi baba. Bengingamcabangeli ngempela ukuthi

bangenza kanjena benoZethu. Ngiyacabanga izingane zazithi ziyaganga,
sase sicwila etshwaleni isidwaba.

Dube : Ekumesekeni uZethu njengedodakazi yami ewuzinyobulala ngingakwenza

ngoba ungimpintshela ekhoneni ngalokho kodwa ngaphambi kwakho
konke okuningi abakubo lowo mfana abalethe okungokwami.

MaDlamini : Kuphi baba okungokwakho.

Dube : Mbuzo muni lowo MaDlamini? Kumele bezohlawula lapha ngokuthunaza

umuzi kababa bese benginika ilobolo lami bamthathe uZethu ngoba phela
umuntu ukhulelisa umfazi wakhe. Ngoba lo mfana esemkhulelisile kusho
khona ukuthi usengumfazi wakhe.

MaDlamini : Baba ngiyakuzwa konke okushoyo kodwa ake unginike ithuba ngikhulume

naye uZethu akhulume nalo mfana ukuthi yini eyenze lo mfana nabakubo
ukuthi bengezi bezobika ukuthi inja yabo isidle amaqanda kwaDube.

Dube : Uyabona kwakhona lokho kuseyikho ukwedelela kukodwa MaSibalukhulu.

Nabazali balo mfana uyabona badelela kabi. Bazongifunda bangiqonde
mina ngizobanika amaviki amabili uma bengenzi mnyakazo
ngizozilungisela lolu daba ngeyami indlela. Ngiyabona bangizwa ngendaba
njengemishado yogogo babo. (Esho ngokuhluthuka.)

MaDlamini : Ngiyavumelana nawe baba kwelokuthi bekumele beze layikhaya kodwa

ngokosiko nathi sivumelekile ukuthi singasihambisa isisu khona. (Esho
ngomoya ophansi.)

Dube : MaDlamini elami lokugcina kulolu daba sengilishilo. Uma kungukuthi

uthola amanye amakhosikazi niyasihambisa isisu, ningakwenza lokho
kodwa kumele nikwenze engakapheli amaviki amabili ngoba uma eke
aphela la bantu bengenze lutho kuyoqhuma nhlamvana, ngimfunge ubaba
elele kobandandayo 'Ushumi lezinsizwa nemfalakahlana.'

MaDlamini : Ngiyakuzwa baba. Ngicela ungethembe phela umama walo mfana okhulelise uZethu naye sisebandleni elilodwa nabo. Uzilungele kabi unina

futhi nawe uyamazi.

Dube   :   Usho ukuthini MaSibalukhulu ukuthu unina walowo mfana mumbe ulunge

kabi ekubeni bedelela kanje umuzi kababa?

MaDlamini   :   Uzilungele yena baba, phela nawe uyazi ukuthi lixhoshwa libhekile.

Ngizizwa nginomuzwa wokuthi lolu daba luzolungiseka. Khona nami

ngiphoxekile lokho angeke neze ngikufihle.

Dube   :   Ubani, owakwabani yena lo mfana okhulelise uZethu? Ngabe owakhona

lapha endaweni?

MaDlamini   :   Ngoba besengichazile baba ukuthi umfana ozilungele kabi, uSthe

wakwaHlongawane ozalwa uMaMbatha esikhonza naye lona ohlala

esitaladini sesithathu uma usuka layikhaya.

Dube   :   Hawu MaDlamini! Kanti yilo mfana obehlezi eza layikhaya nonina kube

sengathi uhamba ngezinto zesonto kanti yena layikhaya uzibonele idamu

elinenhlanzi angayithokozela ukuyithosa ngelinye ilanga.

MaDlamini   :   Kulokho okushoyo ngeke ngiphikisane nawe baba kodwa ngithi

angiphinde ngisho ukuthi akukho soka lingenasici Dube elimthende. Nawe

nje uyazazi ukuthi kuyenzeka ube namabatha ezindleleni zakho.

Dube   :   Le ndaba ayikho ngami MaSibalukhulu. Ngicela ungamvikeli lo mfana

futhi ungashintshi isihloko. (*Ekhombisa ukudinwa.*)

MaDlamini   :   Ngiyaxolisa uma kungukuthi usubona sengathi ngihlasela wena baba

ngamazwi ami, angiqondile neze lokho, ayidle izishiyele baba.

Dube   :   Ngicela ulethe isilevu se-*whiskey* yami ngivele ngizishayele sona ngithi ukulibala yizinto eziningi okwamanje.

MaDlamini : Kulungile, nasi baba nakhu nokokusithambisa ujusi.

Dube : Thatha ujusi uwuphuze wena nkosikazi. Namhlanje angisithambisi

kwanhlobo, ngifuna ukusiqonda ngqo

MaDlamini : Ungazilimazi baba, phela bathi i-*whiskey* akukuhle ukuthi ungayithambisi.

Nawu ujusi ngiyacela uthambise baba phela mina angifuni ukulahlekelwa

nguwe, ngisakudinga kakhulu.

Dube : Nkosikazi phuza wena ujusi, kanti isiZulu sibuye sikukhube yini? Uma

kungukuthi kunjalo lokho kusha kimi. (*Esho eqinisela uMaDlamini

amehlo.*)

MaDlamini : Kulungile baba kodwa ngiyosho ukuthi ngakukhuza uma sekukhona

okuvelayo.

Dube : MaDlamini uma unezeluleko kungani ungahambi uye ekameleni

lendodakazi yakho uyokweluleka yona? Akumina lapha okhulelisiwe

ngaphoxa abazali bami.

MaDlamini : Ngiyabuya ngisayokwenza ukudla baba.

Dube : Mina ungangibali. Lolu daba lukaZethu seluvesane lwenza inhliziyo

yamnyama.

(*UMaDlamini ahambe ayokwenza ukudla bese ehamba eya ekameleni likaZethu ayomazisa ukuthi
uyise ubhodla umlilo ngalolu daba kumele bezame ukuqhamuka nesixazululo ngokushesha.*)

64

Isigcawu Sesibili

(Ngakusasa uZethu noMaDlamini bavukela esikoleni ngethemba lokuthi bazomvumela ukuba aqhubeke nokufunda ikakhulukazi ngoba sekusele amasonto ambalwa bebhale izivivinyo zebanga leshumi nambili zokuphela konyaka kanti futhi ungomunye wabafundi isikole sabo esiziqhenyayo ngaye.)

MaDlamini	:	Sanibonani.
Mnu. Dladla;		
Mnu. Mthethwa		
noMnu. Ngwenya	:	*(Bevuma bonke kanyekanye.)* Yebo sawubona mama kaZethu.
MaDlamini	:	Ngiyethemba niyaphila.
Mnu. Dladla	:	Yebo kuyaphileka MaDlamini singezwa wena.
Mnu. Mthethwa	:	Siyaphila.
Mnu. Ngwenya	:	Kuyaphileka makaZethu.
MaDlamini	:	Thishomkhulu ngizwe uZethu ethi nicele ukuthi ngifike esikoleni namhlanje.
Mnu. Dladla	:	Yebo, kunjalo MaDlamini. Kunodatshana ebengifuna sibonisane ngalo.
Mnu. Mthethwa	:	Lolu daba beluphuthuma. Siyaxolisa ngokukuthathela phezulu.
Mnu. Ngwenya	:	Siyabonga ngokuba nomzali esibambisene kahle naye njengawe. Ukube bonke abazali sibambisene nabo njengawe ngabe konke kuhamba kahle kulesi sikole sethu.
MaDlamini	:	Ngiyabonga ukuzwa ukuthi ngingomunye wabazali bezingane zalesi sikole eniziqhenyayo ngaye. Ngiyanethembisa futhi ukuthi akukho okuyoshintsha, ngiyohlezi ngisukumela phezulu uma ningidinga.
Mnu. Dladla	:	Siyabonga ukuzwa lawo mazwi aphuma kuwe nkosikazi Dlamini.
Mnu. Mthethwa	:	Lapha makaZethu sikucele ukuba uze esikoleni ngoba kunesimo ebesingasiqondi kahle, sathi ukusidingida noZethu nothishomkhulu. Ngiyethemba uZethu ukwazisile ngaso kanye nesicelo sethu.
Mnu. Ngwenya	:	Lesi simo kuyisimo esibaluleke kakhulu mzali. Phela uma ngabe

65

zingabanjwa zisemaphuphu lokho kungagcina kusidalela inkinga
ngoba phela zithi zingakwazi ukundiza bese ziyandiza zibaleke.

MaDlamini : Yebo uZethu ufike wangazisa abekudingida noMnu. Dladla kanye
noMnu. Mthethwa empeleni nami noDube besiphezu kwakho sifuna
ukuthola isiqiniseko. Izinsolo bese zikhona futhi ziningi.

Mnu. Dladla : Kuhle uma ngukukuthi nawe uyabona MaSibalukhulu ukuthi
izinsolo zethu bezingaqhamuki emoyeni. Bekuyizinsolo ezisobala.
Ngiyajabula ukuzwa ukuthi nani benisola ukuthi kukhona
okungahambi kahle kuZethu.

Mnu. Mthethwa : KuZethu sibe nesicelo mawakhe ukuthi acele kuwe nobaba wakhe
ukuthi nimuse emtholampilo noma kudokotela noma esibhedlela
ukuze kutholakale isiqiniseko sokuthi kuhamba kanjani. Ngabe
isicelo sethu siphumelele?

Mnu. Ngwenya : Lapha kulesi sikole uyayazi inqubomgomo mayelana nomfundi
osuke ekulesi simo uZethu asoleka kuso ukuthi ithi akuthathwe siphi
isinqumo. Wena MaDlamini ngiyethemba ukuqonda kangcono
ngoba eminyakeni emibili edlule sike sasebenzisana nawe ebhodini
lesikole futhi uyazi ukuthi umfundi obetholakala ekulesi simo
bekuthathwa siphi isinqumo.

MaDlamini : Isicelo senu sokuyisa uZethu emtholampilo siphumelele bengingeke
ngingakwenzi lokho ngoba sinobaba wasekhaya siyayihlonipha
imigomo yesikole njengoba noZethu sethemba ukuthi
uyayihlonipha ngokugcwele. Kimi okukhombisayo ukuthi
uyayihlonipha ngokugcwele ukuthi lokhu aqala u-*grade 6* kulesi
sikole akukho lapho sinobaba wakhe sake sabizelwa ukuthi kukhona
okungalungile asekwenzile kodwa besihlezi sibizwa kuthiwa asize
emicimbini yokuhlomulisa abafundi abenze kahle ezifundweni zabo
ngezitifiketi kanye nama-*trophy*. UZethu ubehlezi ehlomula
ngezitifiketi kanye nama-*trophy* ngamane nganganhlanu ngaso sonke
isikhathi.

Mnu. Dladla : Lokhu okushoyo MaDlamini kuyiqiniso elisemabhukwini esikole,

66

ongathi uyaliphikisa ngabe udlala ngesikhathi. Namanje ngisasho ngithi siyambongela uZethu ekuziphatheni kahle nakwi-*performance* yakhe kusukela kwa-*grade 6* kuze kube manje ngoba esekwa-*grade 12*. Namanje ama-results akhe ango-*September* kulo nyaka mahle kabi. Nguyena umfundi owabaqwaqwada bonke emakhanda. Kwenzeka okungajwayelekile phela i-*Mathematics* ne-*Science* zaziwa ngokuthi yizifundo zabantu besilisa kodwa lapha kwenzeka okwehlukile, uZethu uyakhombisa ukuthi imfundo ayiyi ngobulili umuntu uma ehlonipha, enza akutshelwa ngothisha bese esebenza kanzima nakanjani izithelo ziyabonakala.

Mnu. Mthethwa	:	Siyathokoza ukuthi makaZethu nikwazile ukuyisa uZethu emtholampilo besicela usiphe ikhadi enilithole emtholampilo sizofunda bese siyabona ukuthi ngabe livumelana nezinsolo zethu noba lisho okunye.
Mnu. Ngwenya	:	Ngasekuzimiseleni ekufundeni ukuba bonke abafundi bethu bazimisela njengoZethu ngabe isikole sethu sidume iNingizimu Afrika yonke. Phela ukube abafundi bethu baphasa njengoZethu ikakhulukazi abakwa-*matric* ngabe sibalwa nezikole ezihamba phambili ezweni.
MaDlamini	:	Nali ikhadi Mnu. Mthethwa ngicela nilivule nizifundele nina.
Mnu. Dladla	:	Ungalivula ulifunde mfokaNyambose. Sizwe ukuthi lisiphatheleni.
Mnu. Mthethwa	:	Bengithi mhlawumbe lizofundwa uMntimande njengosihlalo webhodi elilawula isikole.
Mnu. Ngwenya	:	Nami ngivumelana nothishomkhulu lifunde mfokaNyambose bese uyasazisa sonke ukuthi lithini. Bese siqhubeka nomhlangano wethu. Phela akunankinga njengoba nawe ungu-*class teacher* kaZethu esihlangene ngaye lapha namhlanje.
MaDlamini	:	(*Athule ebukeka ehlengezela izinyembezi ngoba wazi kahle ukuthi okubhalwe ekhadini akuhambisani nhlobo nenqubomgomo yesikole. Uyabona ukuthi inhlanzi izoshelwa amanzi. Wazi kahle ukuthi naye*

67

uke waba sesigungwini esilawula isikole futhi uyazi ukuthi yiziphi
izinqumo ezazithathwa uma umfundi ephambuke emgomweni
wesikole njengoZethu. Osekumenza ahlengezele kakhulu
izinyembezi ukuthi wazi kahle ukuthi akekho umfundi osewake
wasinda esinqumeni esabekwa nesithathwayo maqondana nesimo
esibhekene noZethu.)

Mnu. Dladla	:	Funda phela usitshele ukuthi kuthiwani ekhadini Dingiswayo.

Kwashona ilanga sengathi kufunda mina. Phela yithi noMntimande abantu bokuthatha isikhathi eside uma sifunda okuthile ngoba iminyaka isihambile. Wena usemusha.

Mnu. Mthethwa : Ekhadini lapha kubhalwe ukuthi uZethu uzithwele kanti futhi izinyanga ziyisikhombisa.

Mnu. Ngwenya : (*Athwale izandla ekhanda, ancincize phela uZethu bebemethemba*
kabi kwazise noma bekunemihlangano esikoleni uyena mfundi
ebebehlezi benza ngaye izibonelo ngokuba uhlobo lomfundi noma
ngabe yisiphi isikole esingakujabulela ukuba naye.)

MaDlamini : (*Zehle kakhulu izinyembezi.*)

Mnu. Dladla : Awu! Yawuchitha umuthi inkonyane! Baqinisile uma bethi isitsha esihle asidleli.

Mnu. Mthethwa : Kusho ukuthi ebesikubona kuyikho besingamsukeli uZethu thishomkhulu.

Mnu. Ngwenya : Uma ngabe kunjena siyaziwa isinqumo esithathwayo. Kusho ukuthi MaSibalukhulu emuva komhlangano lona kuzomele usase usuhamba naye uZethu uye naye ekhaya. Mhlawumbe yena singamnika ithuba lokuthi ngonyaka ozayo uma ebuya aqale kwa-*grade 12* angaphindeli emuva ayoqala kwa-*grade 11* njengoba besihlezi senza kwabanye abafundi. Noma inqubomgomo yesikole ithi umfundi ongakwazanga ukuqedela kahle u-*grade 12* wakhe akabuyele kwa-*grade 11* kodwa uZethu sesingabhala incwadi eshoyo ukuthi siyamvumela ukuthi akaqhubeke eye kwa-*grade 12*

68

ngoba indlela aphase ngayo kwa-*grade 12* kumathemu amathathu adlule nakwa-*grade 11* isezingeni eliphezulu kakhulu.

MaDlamini : Ngiyanizwa bahlonishwa kodwa bengicela uZethu nimnike ithuba esale eseqedela ngoba leli iphutha lakhe lokuqala selokhu afika lapha esikoleni eminyakeni emihlanu edlule, kanti futhi ungumfundi osezingeni eliphezulu. Sonke ngiyacabanga ukuthi ngoba silapha asikungabazi ukuthi uma enikwa ithuba uzogila izimanga emiphumeleni yakhe ka-*matric*.

Mnu. Dladla : Siyakuzwa MaDlamini lokhu okushoyo ngokuthi uZethu ungumfundi osezingeni eliphezulu futhi ogila izimanga emiphumeleni yakhe kodwa ngiyacabanga ukuthi uma singamvumela ukuthi akaqhubeke eze lapha esikoleni ekubeni nabafundi abanye sebenezinsolo ezikhombisa ukuthi ukhulelwe. Uma abafundi nabanye abazali ikakhulukazi babafundi abamiswa esikoleni mhlazane kutholakala ukuthi bakhulelwe bangasibhikishela kanti futhi bangafuna nokuba sixoshwe lapha esikoleni ngoba bangathi sikhetha iphela emasini. Njengami ngoba ngingumphathi wesikole kumele ngiqinisekise ukuthi bonke othisha, abafundi kanye nabazali ngibaphatha ngendlela efanayo, ngaphandle kokubheka izinto eziningi.

Mnu. Mthethwa : Siyezwakala isicelo sakho makaZethu kodwa nami ngivumelana nokushiwo nguthishomkhulu ukuthi uZethu akayophumula ngasekhaya abuye ngonyaka ozayo. Ngiyacabanga futhi ukuthi yinhle kakhulu i-*proposal* kaMntimande yokuthi uZethu aqale kwa-*grade 12* ngonyaka ozayo, kwakhona lokho kuwukumenzela umusa. Ekilasini lami kunabafundi ababili okutholakale ukuthi bakhulelwe kulo nyaka, bobabili bakhonjwe indlela savumelana ngokuthi bazobuya ngonyaka ozayo bezoqala kwa-*grade 11*. Noma senza i-*motivation* kaZethu kuzoba lula ngoba yena akafani nabo, bona indlela abebephase ngayo vele kwa-*grade 11* ibiciciza.

Mnu. Ngwenya : Ngibonge kuNyambose ngokuvumelana ne-*proposal* yami. Kanti

69

futhi ngivumelana nothishomkhulu kwelokuthi kuhle ukuthi ube-*fair* uma ungumphathi kuzo zonke izinqubo ozithathayo. Mina njengosihlalo webhodi lesikole ngihlezi ngikhona uma sithatha izinqumo zokumisa abafundi abaphule umthetho njengoZethu. Uma namhlanje ngingazwakala sengishintsha kwamina leyo nto ingangidalela amazinyo abushelelezi.

MaDlamini	:	Ngiyezwa bahlonishwa futhi ngiyasihlonipha isinqumo senu. Nami bengibona isicelo sami ukuthi siwukwephula i-*policy* kodwa bengicelela indodakazi yami kwazise kuthiwa intandane enhle umakhothwa ngunina. Ngiyabona ngayo yonke indlela ukuthi ibe-*wrong* kodwa phela umuntu akalahlwa. Lapha nginesinye isicelo.
Mnu. Dladla	:	Siyabonga uma sivumelana MaDlamini.
Mnu. Mthethwa	:	Wazi kahle makaZethu ukuthi ngendlela uZethu igama lakhe elihle ngayo lapha esikoleni ukube sinayo indlela yokumhlenga besizomhlenga kodwa lokhu kungaphezu kwamandla ethu kanti futhi kungase kubeke impilo yethu engcupheni.
Mnu. Ngwenya	:	Kuyezwakala mzali. Futhi ngiyabonga ukuthi ekugcineni sibona ngokufana. Ngizwa uthi unesicelo, ngabe sithini isicelo sakho?
MaDlamini	:	Noma isicelo sami singejwayelekile kodwa bengithi angisedlulise, phela into uma ingakaze iqale yenzeke akululu ukuthi yenziwe.
Mnu. Dladla	:	Iyiphi leyo nto okhuluma ngayo hlala phezu kodaba ukhululeke MaDlamini.
Mnu. Mthethwa	:	Sesizicijisile izindlebe. Wena woza nodaba makaZethu.
Mnu. Ngwenya	:	Khona uqinisile lapho uthi yonke into iba nesiqalo mzali. Ake sizwe ukuthi isiphi lesi siqalo sento okhuluma ngaso?
MaDlamini	:	Ngiyavumelana nokuthi uZethu njengoba isho inqubomgomo yesikole ukuthi angezi esikoleni ngoba ekhulelwe kubenjalo kodwa ngicela ukuthi okungenani nimvumele eze ukuzobhala izivivinyo zakhe zokuphela konyaka.
Mnu. Dladla	:	Ngiyakuzwa MaSibalukhulu. Manje uma esebhala izivivinyo zakhe zokuphela konyaka uzobe engasakhulelwe yini?

Mnu. Mthethwa	:	Lesi sicelo sakho makaZethu ngibona ukuthi sizothi ukuhlupha ngoba kuzomele nalaba abanye abafundi abamisiwe ngoba bekhulelwe bavunyelwe ukuzobhala.
Mnu. Ngwenya	:	Mina ngiyabona ukuthi izosinika inkinga le yokuthi uZethu azobhala ekubeni ekhulelwe, ngoba inqubomgomo ayivumi. Kungaba njani ukuthi atholelwe enye indawo angayobhalela kuyo?
MaDlamini	:	Uzobe esakhulelwe yena thishomkhulu. Njengoba ngiyabona isicelo sami sengathi naso lesi asiphumeleli kodwa ngicela sizame ukumsiza ngendlela ye-*proposal* kaMntimande.
Mnu. Dladla	:	Iyona ndlela engaba ngcono ukuthi simzamele enye indawo azoyobhalela kuyo Mntimande. Noma nakho kukhipha abanye abafundi ngaphandle kodwa ake sizameni yona.
Mnu. Mthethwa	:	Kulungile thishomkhulu nami ngivumelana nawe noMntimande.
Mnu. Ngwenya	:	Bengicela lokho sikushiye ezandleni zakho thishomkhulu. Kube nguwena ozokwenza lolo hlelo.

(*Umama kaZethu wahamba noZethu babuyela ekhaya noma wayenokukhathezeka ngokuthi indodakazi yakhe ibaphoxile yakhulelwa futhi nasesikoleni imisiwe kodwa wayenethemba ngokuthi yayizothola ulwazi ngokufundwayo esikoleni kulesi sikhashana esincane esisele ngaphambi kweziviyinyo zokuphela konyaka, kanti futhi izokwazi ukuyobhala iziviyinyo zayo.*)

Isigcawu Sesithathu

(*UZethu wayesengena ephuma kodokotela ngenxa yokukhulelwa ehlushwa yisisu engasatholi kahle nethuba lokufunda. Kwafika isikhathi sokubhala izivivinyo zokuphela konyaka naye ngenhlanhla waphumelela ukubhala zonke izivivinyo zakhe endaweni ayehlelelwe yona uthishomkhulu wakhe, kwafika usuku lokuphuma kwemiphumela. UDube wavuka ekuseni wayothenga iphephandaba okulotshwa kulo imiphumela kamatikuletsheni.*)

Dube : Sengihambe ngabuya MaSibalukhulu ukuyothenga iphephandaba.

MaDlamini : Siyabonga baba. Usheshile bo.

Dube : Ngisebenzise khona ukuthi ukuba yimi ukube bekuye wena ngabe awukabuyi ngendlela ebekugcwele ngayo nkosikazi.

MaDlamini : Phela mina ngeke ngaphika nawe baba. Wena phela uyaziwa ukuthi ezinye izinto zakho uzenza ngobudlova.

Dube : Kufanele MaDlamini. Phela thina ngoba sisembonini yamatekisi akumele uthithibale ngoba uma ungathithibala ungadlala izinsizwa zakweminye imizi.

MaDlamini : Khona kunjalo baba. Thina ngeke salunga. Izinto zethu sizithatha kakhulu ngomoya wesonto.

Dube : Nathi hhayi ngoba singenawo umoya wesonto ukuthi kwesinye isikhathi uyadinga ukuthi uthi ukuwubeka eceleni. Uma uwusebenzisa kuze kweqe uzozibona ukuthi ufana nobani.

MaDlamini : Liphi iphepha sizoke sibone ukuthi yenze njani indodakazi yethu. Phela sekumane kungukubheka nje uZethu ngazi kahle ukuthi uzidlele amahlanga.

Dube : Khona kunjalo nkosikazi phela uZethu uyiDube elimthende. Yingakho esikoleni aziwa ukuthi wenza izinto zenzeke. Ufuze mina uqobo.

MaDlamini : Angafuza wena kanjani baba, ngoba phela wena uthisha akakaze ame phambi kwakho?

Dube : Ufuze mina MaSibalukhulu ngokuthi wenza izinto zenzeke njengami. Mina ngaziwa kahle uma sengifikile ukuthi sekufike inkunzimalanga yangempela.

MaDlamini : Khona uma usho mayelana nalokho ngiyakuvumela. Bengithi usho

72

ngokwesikole, bese ngimangele baba. Esikoleni uMazethwana phela ufuze mina uqobo bangazi kahle engangifunda nabo esikoleni nasekolishi sengifundela ubuthisha ukuthi ngangiyisiqengqe.

Dube : Ngeke savumelana noma saphikisana nalokho ngoba asinabufakazi MaSibalukhulu. Mina konke engikhuluma ngakho kunobufakazi okuphathekayo.

MaDlamini : Unjalo kambe wena baba. Ufuna kuhlezi kunconywa wena.

Dube : Ngiyadlala nkosikazi. Phela wena ngangizwa ngowawufunda nabo ukuthi lwalungayi olubuyayo kuwe. Kanti nasebuhleni wawuyisiphalaphala soqobo. Wawuyi-*yellow bone* elisho ngama-*hips* alo ahlelekile, uthi noma ugqoka okuthile ufaneleka. Ushaya ngezinwele ezishaya emhlane. Baqinisile uma bethi akukho sihlahla saguga namagxolo aso.

MaDlamini : Nawe baba wawungusuka sambe wensizwa ende elaphaya, eyisidlakela ehlale imamatheka uhlabeke kwamancane.

Dube : Angeke saziqeda ezobusha bethu nkosikazi. Nali iphephandaba awulivule. Sothi uma sesibonile bese simbiza uZethu.

MaDlamini : Alivule iphepha abheke igama lesikole sikaZethu.

Dube : Vula usheshise nkosikazi. Sibone izithelo ezinhle zendodakazi yethu.

MaDlamini : Nali igama lesikole sakhe ngiyasithola. Ake ngibheke ngaphansi kwaso.
(*Abheke uMaDlamini. Uma ebheka abuye akhumbule ukuthi kambe amagama abafundi awasabhalwa emaphephandabeni kodwa sekubhalwa i-examination number. Ahambe ayobiza uZethu.*)

Dube : Sheshisa nkosikazi uyombiza. Singashonelwa lilanga inkomo ifasiwe.

MaDlamini : (*Abuye naye uZethu.*) Ngikubize ngoba ngifuna uzobheka ukuthi wenze kanjani ezivivinyeni zakho. Nali iphephandaba uhambile wayolithenga wabuya nalo ubaba wakho.

Zethu : Usungisizile baba. Phela mina ngiyazi ukuthi ngenze kahle kakhulu. Ngonyaka ozayo sengiyobhalisela ubudokotela enyuvesi. Seningaqala ningibize ngodokotela omncane.

Dube : Vele unguye ndodakazi. Angingabazi ukuthi nasenyuvesi uzofika ubaqhwaqwade emakhanda.

73

MaDlamini	:	Wena ntombi ngiyazi ukuthi uthole o-A bodwa. Sesimane siyabheka nje ephephandabeni ukugcina usiko.
Zethu	.	(*Abheke iphendubabu ashona nalo phansl namagama. Bese evula ikhasi elilandelayo ngoba amagama esikole sabo aze agamanxa kulo.*)
Dube	:	Waphenduka isalukazi manje Zethu. Kanti usuyikhohliwe yini inombolo yakho.
MaDlamini	:	Mnike ithuba abheke baba phela izinombolo lezi zicishe zifane. Uma ungabhekisisanga ungagcina ukhomba okungeyona.
Zethu	:	(*Bamuzwe esememeza ethii yes yes. Ajabule.*)
Dube	:	Nazo-ke Dube elimthende ngikwazi unjalo-ke.
MaDlamini	:	Bengazi ukuthi wawuzenzela ntombi ezivivinyweni zakho.
Zethu	:	Laba ababili engibabona la ngasekuqaleni abangani bami. Eyami inombolo ingemuva kwezabo. Ngiyazi ingasekugcineni. Lona omunye uThembi uthole o-A abane. Lona omunye umngani wami uthole o-A abayisthupha. (*Lo omunye umngani wakhe angamusho ukuthi ungubani uSthe. Uyabona indlela abaphase ngayo ukuthi uThembi bahamba naye umngani wakhe ukuyofundela ubudokotela kanti noSthe bahamba naye ukuya enyuvesi noma yena eyofundela ubunjinela.*)
Dube	:	Bheka eyakho inombolo. Kumele engabe uqale ngayo ndodakazi.
MaDlamini	:	Siyababongela abangani bakho kodwa nami ngivumelana nobaba wakho ukuthi kumele engabe uqale ngeyakho inombolo. Hlala phezu kwayo Zethu siqinisekise ngoba siyazi ukuthi wena uthole o-A bodwa.
Zethu	:	(*Zehle izinyembezi avele akhale kakhulu. Lutho, ayikho eyakhe inombolo ephephandabeni.*)

Okufingqiwe ngomdlalo

Umdlalo 'Ingane Yamalungelo' umdlalo obhalelwe ukufundwa. Ungashintsheka ukuba udlalwe ezindaweni zangempela. Lo mdlalo ukhuluma ngengqikithi entsha yokuthi izingane zisebenzise amalungelo azo ngendlela engamukelekile. Umlingiswa omkhulu womdlalo uZethu usebenzisa ngendlela engamukelekile amalungelo akhe lapho ekhombisa ukungahloniphi abazali bakhe aze akhulelwe engaphumeleli nebanga leshumi nambili. Ngalokhu kwenza kulimaza ikusasa lakhe lapho ethi esekhulelwe nesoka lakhe limlaxaza kanjalo. Lokhu kwenza kwakhe kuyaveza ukuthi ukwenza ngoba enziwa ubungane nokungaqondi kahle amalungelo nendlela okumele awasebenzise ngayo.

Lo mdlalo unodweshu lokungqubuzana phakathi kukaZethu nabazali bakhe abangaboni ngaso linye. Ufunde ngokwakho mfundi uzothola ukuthi ngabe umlingiswa omkhulu uyakwazi yini ukuzikhulula kulezi zinkinga azifaka kuzo ngenxa yokungawasebenzisi ngendlela amalungelo akhe. Ngalo mdlalo ababhali bagqugquzela ukuthi izingane zisebenzise ngendlela amalungelo azo futhi zihloniphe nabazali ngoba uma zingenzi kanjalo zingazithola zibhekene nezingqinamba ezinkulu empilweni.

Printed in the United States
By Bookmasters